Análisis tecnológico y funcional del registro cerámico del Valle de Salsacate y pampas de altura adyacentes (Provincia de Córdoba, República Argentina)

South American Archaeology Series
Edited by Andrés D. Izeta
No. 6

Análisis tecnológico y funcional del registro cerámico del Valle de Salsacate y pampas de altura adyacentes (Provincia de Córdoba, República Argentina)

Mariana Dantas
Germán G. Figueroa

BAR International Series 1869
2008

Published in 2016 by
BAR Publishing, Oxford

BAR International Series 1869

South American Archaeology Series, No. 6
*Análisis tecnológico y funcional del registro cerámico del Valle de Salsacate y pampas de altura adyacentes
(Provincia de Córdoba, República Argentina)*

ISBN 9781407302362 paperback
ISBN 9781407333755 e-format
DOI https://doi.org/10.30861/9781407302362
A catalogue record for this book is available from the British Library

BAR Publishing is the trading name of British Archaeological Reports (Oxford) Ltd.
British Archaeological Reports was first incorporated in 1974 to publish the BAR
Series, International and British. In 1992 Hadrian Books Ltd became part of the BAR
group. This volume was originally published by John and Erica Hedges Ltd. in
conjunction with British Archaeological Reports (Oxford) Ltd / Hadrian Books Ltd,
the Series principal publisher, in 2008. This present volume is published by BAR
Publishing, 2016.

BAR
PUBLISHING

BAR titles are available from:

BAR Publishing
122 Banbury Rd, Oxford, OX2 7BP, UK
EMAIL   info@barpublishing.com
PHONE   +44 (0)1865 310431
FAX   +44 (0)1865 316916
www.barpublishing.com

Andrés D. Izeta
Series Editor, South American Archaeology Series
British Archaeological Reports International Series

El registro arqueológico de Sudamérica es de una muy alta diversidad. Esto se refleja no sólo en las diversas profundidades temporales de la exploración, colonización y ocupación de los más variados ecosistemas, sino también en la complejidad social alcanzada en diversos puntos del subcontinente.

Por ello es un grato placer la apertura de un espacio dentro de la serie internacional de British Archaeological Reports International Series (BAR) dedicada exclusivamente a la arqueología de Sudamérica. Esta serie, denominada South American Archaeology Series (SAmArSeries), tratará de integrar aquellos trabajos individuales o colectivos dentro un marco que permita mostrar las diferentes líneas de investigación que se están llevando a cabo en esta parte del mundo.

Un breve análisis de los libros publicados por BAR hasta Septiembre de 2007 da cuenta de un total de 45 títulos dedicados a la arqueología de Sudamérica. De ellos, 17 corresponden a autores sudamericanos. En cuanto a las tendencias temporales hemos observado que de los 17 títulos de autores locales al menos 10 se han publicado en los últimos tres años y corresponden a tesis de grado y de postgrado. Si bien la tendencia indica que los arqueólogos de la Argentina son los que mayormente se han sumado a esta iniciativa, la intención a través de esta propuesta, es tratar de integrar trabajos de todos los países que componen Sudamérica. Esta situación ha sido la base para plantear este nuevo ámbito en el cual el público internacional pueda tener acceso a una arqueología, que si bien no tiene nada que envidiar a la que se realiza en otras partes del planeta, esta siendo escasamente representada en cantidad de libros de carácter internacional publicados. Esto es especialmente importante cuando los medios tradicionales (más locales) de difusión de nuestra disciplina no poseen aun un elevado impacto dentro de los colegas no sudamericanos. Por ello, creemos que esta es una gran oportunidad para poder lograr una mayor visibilidad de nuestros resultados y de nuestro trabajo en general con el cual podamos aportar a la construcción de una disciplina que integre nuestra visión desde Sudamérica. Asimismo permitirá canalizar los intentos individuales que se han venido realizando en los últimos años.

BAR International Series South American Archaeology Series tiene la intención de publicar trabajos inéditos del área y que pueden incluir reportes de excavación, actas de Congresos, Jornadas, Simposios y los resultados de Tesis de grado o de Post-grado. Si bien los editores de BAR no imponen como requisito la evaluación de los trabajos, la presentación de un trabajo en las SAmArSeries implica la aceptación del envío del trabajo individual o colectivo a evaluar por pares externos. Esto significa que la SAmArSeries intenta ser un espacio editorial con referato con el fin de mantener una calidad mínima de los trabajos.

Por ultimo, aquellos que deseen conocer mas acerca de la serie o que estén interesados en publicar deben contactar al Series Editor, quien mediara con el editor John Hedges, uno de los editores de BAR, en Oxford, Reino Unido. Las temáticas a incluirse pueden ser diversas pero deben ser apropiadas y de un estándar académico correcto (en algunos casos puede solicitarse a los autores el envío de un *curriculum vitae* con el fin de anexarlos a la evaluación del trabajo). El *Series Editor* se compromete a dar asistencia en aspectos técnicos del formato de las presentaciones y puede colaborar en la edición final del libro, si es necesario.

Dr. Andrés D. Izeta
Series Editor - South American Archaeology Series
British Archaeological Reports International Series
CONICET – Museo de Antropología
FFyH - Universidad Nacional de Córdoba
Av. Hipólito Yrigoyen 174, 5000, Córdoba, Argentina
e-mail : androx71@gmail.com

Andrés D. Izeta
Series Editor, South American Archaeology Series
British Archaeological Reports International Series

The South American archaeological record is highly diverse and reflects the many different periods of exploration, colonization and effective occupation of numerous diverse ecosystems. Social complexity is also heterogeneous throughout the whole occupation history and regions. Given this situation, it is most welcome that British Archaeological Reports has created a series dedicated exclusively to the archaeology of this vast sub continent within its International Series. In the South American Archaeology Series (SAmArSeries) an attempt will be made to integrate individual and collective works within a framework that will exhibit the different perspectives used in this part of the world.

A look at the BAR catalogue (where there are in excess of 2000 titles) shows that relatively few titles are available on South American archaeology. Of a total of 45 books available until September 2007, only 17 were by South American researchers, and 10 published in the last 3 years. This representation contrasts with a situation where an increasing number of South American researchers are looking to publish their work in just such an international forum. Although, by circumstance, the SAmArSeries is starting with the work of Argentinean authors, it is very much intended for all South American researchers.

The commencement of the SAmArSeries within BAR gives us an opportunity to construct a new space where the international audience can look for information on any topic of South American archaeology. This is important because traditional, more local places of publication are often not available to non South American researchers. With SAmArSeries a great opportunity arises for heightening the academic visibility of the investigations made by what is a very active archaeological community.

The South American Archaeology Series of BAR is intended for publishing original work which may include excavation reports, museum catalogues, the proceedings of meetings, symposia and workshops, academic pieces of research, and doctoral theses

Those wishing to submit books for inclusion in the SAmArSeries should contact the Series Editor, who will mediate with John Hedges, one of the BAR Editors and publishers of BAR, in Oxford, UK. The subject has to be appropriate and of the correct academic standard (*curriculum vitae* may be requested and books may be referred); instructions for formatting will be given, as necessary.

Dr. Andrés D. Izeta
Series Editor - South American Archaeology Series
British Archaeological Reports International Series
CONICET – Museo de Antropología
FFyH - Universidad Nacional de Córdoba
Av. Hipólito Yrigoyen 174, 5000, Córdoba, Argentina
e-mail : androx71@gmail.com

Este trabajo está dedicado especialmente a nuestros padres,
que con su constante afecto, apoyo y paciencia
se convirtieron en la verdadera piedra angular de esta investigación.

Indice General

Agradecimientos

La elaboración y concreción de este trabajo no hubiera sido posible sin el apoyo y el aporte de numerosas personas. Resulta prácticamente imposible mencionar a cada uno de los que nos brindaron desinteresadamente sus conocimientos y amistad. Sin embargo, queremos expresar nuestro reconocimiento a algunos de ellos.

Agradecemos al Dr. Eduardo Berberián y al Dr. Sebastián Pastor por permitirnos, en su momento, estudiar los materiales cerámicos procedentes de los sitios Arroyo Tala Cañada 1, Arroyo Talainín 2, Río Yuspe 11 y Río Yuspe 14. Además, sus comentarios y críticas resultaron sumamente valiosos para la realización del trabajo.

Un reconocimiento particular merecen el Sr. Esteban Pillado y la Lic. Andrea Recalde, con quienes compartimos discusiones que permitieron enriquecer nuestra investigación. Asimismo, colaboraron en la diagramación y confección de las figuras que ilustran este trabajo.

Resulta necesario destacar el invaluable apoyo de docentes, compañeros y amigos de la Cátedra de Prehistoria y Arqueología de la Universidad Nacional de Córdoba: Lic. Eduardo Pautassi, Dra. Beatriz Bixio, Prof. Marta Bonofiglio, Lic. Gustavo Rivolta, Dr. Diego Rivero, Lic. Matías Medina, Lic. Elizabeth Pierella, Lic. Cristina Fernández, Lic. Laura López, Lic. Julián Salazar y Lic. Gabriela Srur.

Una mención especial merecen los pobladores del Valle de Salsacate, por su hospitalidad e invalorable apoyo brindado durante los trabajos de campo. Entre ellos a Jesús Reina y familia de las nacientes del Río Yuspe, a Máximo Fabio y Pablo de los Santos de Tala Cañada, y a la familia Arias de Cañada de Salas y Alto de la Cruz.

Por otra parte, queremos agradecer al Dr. Andrés Laguens y a la Lic. Mirta Bonnin por habernos reabierto las puertas de este mundo fascinante que es la arqueología.

También, al Dr. Andrés Izeta por brindarnos la posibilidad de que los resultados obtenidos en este trabajo puedan llegar a un número mayor de personas.

Por último, deseamos expresar nuestro agradecimiento a nuestras familias y amigos, quienes nos respaldaron constantemente con su amistad, compresión y afecto.

CAPÍTULO 1
INTRODUCCIÓN

En este trabajo se efectúa el análisis del material cerámico, recuperado mediante recolecciones superficiales y excavaciones estratigráficas, proveniente de los sitios Arroyo Tala Cañada 1, Río Yuspe 14, Río Yuspe 11 y Arroyo Talaínín 2, ubicados en el Valle de Salsacate y pampas de altura adyacentes en la Provincia de Córdoba, República Argentina.

En las últimas décadas las investigaciones arqueológicas desarrolladas en el área, se han orientado hacia un análisis eminentemente tipológico (v.g. Serrano 1945; González 1943a, 1943b; Argüello de Dorsch 1983) y procesual (Bossa et al. 1991; Figueroa y Pautassi 2000; Figueroa et al. 2004; Laguens 1999; Nielsen y Roldán 1991; Rivero 2001) del material cerámico. Más allá de los importantes avances que implicaron estos estudios, esta temática exige una continua actualización metodológica en cuanto a los modelos teóricos propuestos, con la consiguiente contrastación de los mismos en el registro arqueológico. Por este motivo, los objetivos planteados para este trabajo ponen énfasis en el análisis tecnológico, funcional y estilístico del registro cerámico.

De este modo, los resultados obtenidos podrán ser empleados, de manera confiable, si lo que se pretende es indagar acerca de la existencia de posibles patrones regionales en la elaboración de los elementos cerámicos e identificar pautas conductuales involucradas en la manufactura y uso de los distintos artefactos.

Por ultimo, resulta importante mencionar que esta investigación constituye una versión de la tesis para optar al grado de Licenciado en Historia, con orientación en etnohistoria y arqueología, presentada y aprobada en noviembre de 2004, en la Facultad de Filosofía y Humanidades, Universidad Nacional de Córdoba, República Argentina.

1.1 Antecedentes arqueológicos del área

El propósito de este apartado consiste en realizar una breve reseña de las investigaciones llevadas a cabo en la región de las Sierras Centrales de la República Argentina, tomando en consideración los distintos paradigmas teóricos que guiaron las investigaciones.

Los inicios de los estudios arqueológicos se remontan a fines del siglo XIX, con las contribuciones pioneras de Weyenbergh (1878, 1880) y Ameghino (1885). Este último, elaboró la primera secuencia cultural cronológico-relativa para esta región, dividiéndola en dos momentos: Paleolítico y Neolítico. Asimismo, «buscó encontrar en la consecución gradual y progresiva de los artefactos y restos humanos,

pruebas concretas para la comprobación de la teoría de la evolución» (Berberián 1995:15).

Este modelo fue continuado por Outes (1911), quien dio a conocer en forma conjunta e integrada los elementos hasta entonces conocidos de la arqueología de las Sierras Centrales (Fernández 1982). Igualmente, como consecuencia de las ideas evolucionistas de Ameghino, las investigaciones desarrolladas durante las primeras décadas del siglo XX, se concentraron en el estudio de la geología regional y su relación con el hombre fósil y los artefactos asociados a él (v.g. Castellanos 1922, 1926, 1933; Doering 1907, 1918; Frenguelli 1919; Greslebin 1924).

Los postulados de Ameghino, así como el paradigma evolucionista en general, comenzaron a retraerse gradualmente a partir de 1910, tras las críticas efectuadas por Hrdlicka durante la realización en Buenos Aires del Congreso de Americanistas. Esto generó un importante vacío teórico, a partir del cual se llevaron a cabo estudios meramente descriptivos (v.g. Aparicio 1925, 1927, 1931, 1936; Marechal 1943; Oliva 1947; Serrano 1944).

A esta situación, se sumó la adhesión que obtuvieron las propuestas de Boman (1923), quien consideraba a todas las culturas aborígenes como contemporáneas y apenas anteriores a la conquista hispánica. En este contexto, se produjo una proliferación de trabajos que proveían un examen detallado de fuentes etnohistóricas, con el objetivo de obtener un mayor caudal informativo sobre la conducta de los aborígenes que encuentran los españoles a su llegada (v.g. Cabrera 1931, 1932; Serrano 1945).

En este sentido, entre 1925 y 1950, la producción arqueológica estuvo adherida a una corriente con base implícita en el particularismo histórico, dejando al margen todo intento de establecer generalizaciones. Sin embargo, esta fue la época donde se da a conocer una significativa cantidad de yacimientos arqueológicos, lo que demostraba la gran riqueza de los sitios localizados en la región (Berberián 1995).

A partir de la década de 1950, como fruto de los trabajos realizados por González (1952, 1962) y Menghin y González (1954) se produce una ruptura con la idea del sincronismo cultural. De esta manera, el problema de la adscripción cronológica toma un carácter fundamental, dominando las investigaciones durante las décadas de 1960 y 1970 (v.g. Berberián 1969, González y Crivelli 1978; Marcelino et al. 1967). En consecuencia, se aplica por primera vez el enfoque contextual-funcional y se trata de ordenar cronológicamente los contextos materiales recuperados, a través del empleo de nuevas técnicas, como métodos estratigráficos, seriaciones y fechados radiocarbónicos. En este sentido, los trabajos realizados en Pampa de Olaen, Ongamira y en la Gruta de Intihuasi ofrecieron una profundidad temporal desconocida, estableciendo con precisión cronológica el poblamiento temprano y la existencia de distintos momentos en el desarrollo de los grupos cazadores recolectores precerámicos (Berberián 1995).

Desde 1980, se desarrollaron nuevas líneas de investigación orientadas por un enfoque ecológico, procesual y con un énfasis en el estudio de los sistemas de asentamiento, con el fin de explicar la conducta humana a partir de las relaciones hombre-ambiente, basándose en las estrategias adaptativas (v.g. Berberián 1984, 1999; Berberián y Roldan 2001; Bossa et al. 1995; Laguens 1999; Laguens y Bonnin 1987; Nielsen y Roldan 1991).

De esta manera, se pudo identificar una ocupación intensiva del espacio serrano por parte de las comunidades productoras de alimentos. La cual se manifiesta a través de un elevado número de sitios al aire libre y en aleros, que exhiben, entre sí, una notable variabilidad. Además, este modelo establece una complementariedad económica a través de la ocupación de diferentes ambientes -valles y pampas de altura- (Berberián y Roldán 2001; Bonin y Laguens 2000; Laguens 1999; Pastor 2002a).

1.2 Objetivos del trabajo

Dos objetivos principales guiaron las distintas etapas de esta investigación. El primero de ellos, se centró, principalmente, en efectuar un estudio integral del registro artefactual cerámico de las comunidades productoras de alimentos que habitaron en el Valle de Salsacate y pampas de altura adyacentes (Pcia. de Córdoba, Argentina). Con este propósito, se llevaron a cabo una serie de análisis que abordaron diferentes aspectos tecnológicos, morfológicos, funcionales y estilísticos del material cerámico recuperado en los sitios arqueológicos denominados Río Yuspe 11, Río Yuspe 14, Arroyo Tala Cañada 1 y Arroyo Talainín 2.

En segundo y último termino, se implementó un análisis comparativo entre los conjuntos cerámicos procedentes de los sitios recientemente mencionados. La principal intención de esta labor fue tratar de identificar la presencia de similitudes y diferencias, las cuales podrían estar potencialmente vinculadas con aspectos funcionales de las ocupaciones.

1.3 Organización del trabajo

El presente trabajo se divide en diez capítulos. En el primero, de carácter introductorio, se realiza una breve reseña de las investigaciones arqueológicas efectuadas en las Sierras Centrales de la República Argentina, con la finalidad de evaluar su evolución a través del tiempo, en los campos teóricos y metodológicos. Además, se explicitan los objetivos principales y secundarios de esta investigación.

La información referida al marco ambiental y distribución de recursos, así como las características del sistema de subsistencia-asentamiento, organización social y política de las comunidades productoras de alimentos, se contemplan en el segundo capítulo.

En el capítulo tercero se describen las características morfológicas y de emplazamiento de los sitios Arroyo Tala Cañada 1, Río Yuspe 14, Río Yuspe 11 y Arroyo Talainín 2. Asimismo, se plantean las hipótesis funcionales para cada uno de ellos.

El capítulo cuarto contiene las distintas líneas de investigación que se desarrollaron desde el inicio de los modernos estudios ceramológicos, así como los conceptos teóricos que guiaron este estudio

La metodología empleada para el análisis del registro artefactual cerámico se presenta y desarrolla de manera pormenorizada en el quinto capitulo.

En los siguientes cuatro capítulos se expone la información derivada de los análisis tecnológicos, morfológicos y estilísticos del material cerámico recuperado en Arroyo Tala Cañada 1 (Capítulo 6), Río Yuspe 14 (Capítulo 7), Río Yuspe 11 (Capítulo 8) y Arroyo Talainín 2 (Capítulo 9).

En el capítulo décimo se examinan y discuten los resultados de los análisis a nivel regional y particularizado por sitio. Finalmente, se presentan las conclusiones del estudio.

CAPÍTULO 2
EL MEDIO Y LOS GRUPOS ABORÍGENES

Los conjuntos cerámicos que se analizan en este trabajo fueron recuperados en cuatro sitios localizados en el Valle de Salsacate y las pampas de altura adyacentes (Provincia de Córdoba, República Argentina) (figura 2.1). En los últimos años, esta región ha sido objeto de intensas investigaciones arqueológicas dirigidas a la identificación de las diferentes formas organizativas de los grupos prehispánicos tardíos (Medina y Pastor 2006; Pastor 2002a, 2002b, 2004; Pastor y Medina 2002).

Con el fin de contextualizar la problemática abordada en este trabajo, en los próximos apartados analizamos las características ambientales del área, así como las del sistema de subsistencia-asentamiento y de organización socio-política de las comunidades prehispánicas tardías.

2.1 Marco ambiental y distribución de recursos

La región bajo estudio cubre 1240 km², comprendidos entre la porción septentrional de la Pampa de Achala, la meridional de la Pampa de San Luis, así como sectores de la Pampa de Pocho y del Valle de Salsacate. Las coordenadas geográficas son 31° 15' a 31° 30' de latitud sur y 64° 47' a 65° 15' de longitud oeste. La región incluye dos zonas ambientales claramente diferenciadas: 1) las pampas de altura y 2) las zonas deprimidas.

Las pampas de altura (Pampa de Achala y de San Luis), ubicadas entre 1500 y 2380 m.s.n.m., presentan una topografía que combina extensiones de terreno relativamente plano, conocidas localmente como «pampas» o «pampillas», con quebradas accidentadas por donde corren pequeños cursos de agua, que luego dan origen a los ríos más caudalosos de las sierras. Domina en estos sectores un clima frío, con constantes heladas durante más de nueve meses al año. La temperatura media anual es de 10°C, con mínimas absolutas por debajo de los -15°C. Las precipitaciones, que promedian los 900 mm anuales, se encuentran entre las más elevadas de la provincia (Capitanelli 1979).

La flora característica de este ambiente está constituida por pastizales de *Stipa* y *Festuca*, con algunos árboles y arbustos en lugares protegidos. Entre las especies leñosas más difundidas se encuentran el tabaquillo *(Polylepis australis)*, orco molle *(Maytenus boaria)* y romerillo *(Heterothalamus alienus, Baccharis ulicina)* (Luti et al. 1979). La fauna que habitó esta región hasta hace pocas décadas incluía elementos de origen andino-patagónico, con especies de gran porte y hábitos gregarios, de alta importancia económica, como los guanacos *(Lama guanicoe)* y venados de las pampas *(Ozotoceros bezoarticus)*. En la actualidad subsisten los pumas *(Puma concolor)*, cóndores *(Vultur gryphus)* y zorros *(Dusicyon*

culpaeus), entre otras especies (Bucher y Avalos 1979).

Las zonas deprimidas, con alturas entre 800 y 1500 m.s.n.m., se localizan entre las Cumbres de Gaspar y las Sierras de Pocho. En el sector sur se ubica la Pampa de Pocho, un extenso fondo de valle de relieve casi plano, con alturas que oscilan entre los 1000 y 1050 m. Hacia el centro de la pampa existió una zona cubierta de pastizales, en torno a un pequeño espejo de agua salobre conocido como Laguna de Pocho. El sector norte corresponde al Valle de Salsacate, que presenta alturas entre 800 y 1500 m.s.n.m. Como en el caso de otros valles serranos, la topografía es accidentada, con lomadas de altura y grados de pendiente variables, que circunscriben fondos de valle de diferentes dimensiones. Las condiciones climáticas son benignas, con una temperatura media anual entre 16° y 17° C y precipitaciones entre 500 y 800 mm, más escasas en la porción occidental (Capitanelli 1979). En esta última zona el déficit anual de agua es elevado, situación que sumada a la escasa disponibilidad de agua superficial puede considerarse adversa para el desarrollo de sistemas agrícolas de pequeña escala.

La vegetación dominante corresponde a la formación denominada Bosque Serrano o Chaco Serrano, que presenta una gran variedad de especies arbóreas y arbustivas: molle *(Lithraea ternifolia)*, coco *(Fagara coco)*, tala *(Celtis tala)*, algarrobo *(Prosopis alba, P. nigra y P. Chilensis)*, chañar *(Geoffroea decorticans)*, etc. De este modo, la disponibilidad de madera, empleada como combustible y para la construcción de viviendas y artefactos, puede considerarse abundante. Asimismo, algunas especies como el algarrobo y chañar proveían de frutos comestibles, fuertemente aprovechados por los grupos aborígenes del período etnohistórico (Bixio y Berberián 1984; Laguens 1999; Piana de Cuestas 1992). Esta situación marca un contraste con las pampas de altura, donde la madera es escasa y no existen especies con frutos comestibles.

La fauna, de características chaqueñas, comprende especies de tamaño mediano o pequeño, habitualmente de hábitos solitarios, como las corzuelas *(Mazama guazoupira.)*, maras *(Dolichotis patagonum)*, comadrejas *(Didelphis azarae, Lutreolina crassicaudata, Marmosa pusilla)*, pecarí de collar *(Pecari tajacu)*, quirquincho *(Chaetophractus villosus)*, vizcacha *(Lagostomus maximus)* e iguana *(Tupinambis sp.)*. Algunas de estas especies fueron ampliamente aprovechadas por los grupos aborígenes, como se ha observado entre los restos faunísticos de los sitios analizados (Medina y Pastor 2006; Pastor y Medina 2003a).

2.2 Sistema de subsistencia-asentamiento de las comunidades productoras de alimentos

Figura 2.1: Ubicación del área bajo estudio

Las recientes investigaciones llevadas ha cabo en el sector central de las Sierras Centrales han permitido identificar una ocupación intensiva del espacio serrano, manifiesta a través de un elevado número de sitios que exhiben entre sí una marcada variabilidad (Berberián y Roldán 2001; Pastor 2002b; Pastor y Medina 2003b).

La primera categoría de sitios identificados corresponden a ocupaciones al aire libre, caracterizadas por abundantes y diversos restos superficiales, que se consideraron asentamientos residenciales aldeanos, emplazados en extensos piedemontes y en fondos de valles de menor tamaño. El principal referente de este tipo de sitio es Potrero de Garay (Berberián 1984), ubicado en el Valle de Los Reartes, donde se localizaron varias viviendas semisubterráneas y se obtuvieron evidencias de la realización de un amplio rango de actividades (preparación y consumo de alimentos, almacenamiento, elaboración y mantenimiento de útiles, etc.).

En las zonas de valle se registraron, asimismo, ocupaciones de otro tipo, tanto en abrigos rocosos como al aire libre,

habitualmente en terrenos potencialmente cultivables en cabeceras de quebradas. Se propuso que muchos de estos sitios, caracterizados por escasos restos superficiales, guardan relación con la existencia de un sistema de dispersión de los campos de cultivo, entendido como un mecanismo dirigido a enfrentar los elevados niveles de riesgo que pesaban sobre la actividad agrícola (Berberián y Roldán 2001; Medina y Pastor 2006).

Finalmente, a orillas de los principales cursos de agua se encuentran sitios que contienen a nivel superficial artefactos de molienda fijos -morteros y conanas-, con predominio de los primeros. Estas áreas de molienda señalarían la importancia de las actividades desarrolladas a escala extradoméstica. En el mismo sentido apuntan las ocupaciones registradas en el sitio Arroyo Talainín 2 (Pastor 2004), que se analizan más abajo.

Por su parte, en los ambientes serranos de altura se han registrado principalmente ocupaciones discretas en abrigos rocosos, en la mayor parte de los casos relacionadas con actividades de caza (Berberián y Roldán 2001; Pastor 2000;

Rivero 2001; Roldán 1999). Se ha planteado que muchos de ellos constituirían centros de operaciones insertos en un sistema de movilidad logística, el cual tenía como punto de partida las bases residenciales emplazadas en los valles. Estos sitios se encuentran ubicados preferentemente en los fondos de las quebradas, próximos a cursos de agua.

Otras ocupaciones, localizadas generalmente en lugares con buena visibilidad, como los bordes de pampillas, habrían cumplido la función de puestos de observación. Se caracterizan por ser pequeñas salientes rocosas ubicadas estratégicamente, que presentan un registro arqueológico indicativo de la realización de un rango de actividades verdaderamente limitado.

Por último, otros sitios como El Alto 2 y 3 (Berberián y Roldán 2001; Roldán 1999; Roldán et al. 2005), Río Yuspe 11, Sala Grande 8 y El Quebrachito 5 (Pastor 2002a, 2004) comprenden grandes abrigos rocosos en los cuales se efectuó un amplio rango de actividades. Estos sitios contienen abundantes artefactos de molienda - mayoritariamente morteros-, así como numerosos restos asociados -fragmentos cerámicos, desechos de talla, instrumentos líticos y óseos, restos faunísticos, etc.-. De acuerdo a las excavaciones efectuadas en Río Yuspe 11 (ver más adelante), se ha planteado que en estos asentamientos se efectuaron intensas actividades de procesamiento y consumo de alimentos a escala extradoméstica (Pastor 2004).

Recientemente, se identificó un conjunto de sitios pequeños al aire libre: Casa de Reina 3, Río Yuspe 3, Hueco de Anselmo 1, El Plumerillo 2 (Pastor y Medina 2003b), localizados en quebradas protegidas, que presentan semejanzas con los sitios a cielo abierto de pequeñas dimensiones, ubicados en los valles serranos. El contenido arqueológico - desechos e instrumentos líticos, fragmentos cerámicos, artefactos de molienda-, señala que probablemente hayan alojado algunas viviendas, ocupadas por personas dedicadas al cuidado de animales domésticos, quienes pudieron realizar, además, cultivos de pequeña escala (Medina y Pastor 2006; Pastor y Medina 2003b).

Las comunidades productoras de alimentos han sido definidas como grupos caracterizados por una estrategia predominantemente agrícola, con aportes complementarios de la caza-recolección (Berberián y Roldán 2001; Laguens 1999). Recientes estudios osteométricos efectuados sobre huesos de camélidos indican la posible presencia y manejo de animales domésticos (Pastor y Medina 2003a).

La agricultura practicada por estos grupos estuvo sometida a elevados niveles de riesgo, originados por la acción conjunta o combinada de sequías, tormentas de granizo, heladas y plagas -langostas, gusanos, catas, etc.- (Berberián y Roldán 2001; Laguens 1999; Medina y Pastor 2006).

Ante estas condiciones, los grupos prehispánicos implementaron un sistema de dispersión de los campos de cultivo y desarrollaron estrategias de subsistencia variadas (agricultura, caza, recolección y, posiblemente, pastoreo),

que implicaron un alto grado de movilidad y una dieta diversificada. Estas estrategias generaron un impulso centrífugo desde las aldeas hacia toda la región, en circuitos de movilidad diferenciados (Berberián y Roldán 2001; Pastor y Medina 2003b).

Los traslados logísticos fueron realizados, en primer lugar, desde las bases residenciales en los valles hacia los pastizales de altura. Se orientaron a la captura de animales de gran porte como guanacos y venados de las pampas. Se emplearon como centros de operaciones pequeños abrigos rocosos próximos a vertientes naturales -v.g. La Hoyada 4 y 6- (Pastor 2000; Rivero 2001; Roldán 1999), y otros con mejor visibilidad como puestos de observación -v.g. Mataderos 8- (Roldán 1999).

La posible existencia de prácticas pastoriles de pequeña escala, seguramente también involucró a los ambientes serranos de altura, que disponen de extensos pastizales de excelente calidad forrajera. Es esperable que las personas vinculadas al cuidado de rebaños se hayan asentado en estos lugares en forma permanente o semi-permanente, generando una importante variedad de sitios arqueológicos. En este sentido, los mencionados sitios pequeños al aire libre pudieron constituir espacios residenciales, mientras que numerosas ocupaciones discretas pudieron tener relación con la actividad pastoril. No puede descartarse, asimismo, el desarrollo de cultivos de pequeña escala en lugares especialmente protegidos, tal como ocurre en la actualidad (Medina y Pastor 2006).

Pudieron establecerse, además, otros mecanismos relacionados con la ocupación de los ambientes serranos de altura. La información etnohistórica disponible para la región señala que en años malos desde el punto de vista agrícola se producía la dispersión estacional de los poblados, cuyos ocupantes habitaban transitoriamente abrigos naturales y se dedicaban a diferentes actividades extractivas. Este mecanismo pudo generar ocupaciones residenciales en abrigos rocosos de las pampas de altura, tal como se ha planteado para el caso del sitio Río Yuspe 14 (Pastor 2002b).

En los valles serranos existieron circuitos de movilidad más restringidos. Debieron realizarse traslados entre las bases residenciales y los sitios de cultivo, así como hacia los espacios de recolección (algarrobales). Seguramente durante estos movimientos pudieron obtenerse en forma oportunista animales característicos de los ambientes chaqueños, como las corzuelas y armadillos, ampliamente consumidos por los grupos en estudio. Asimismo, se ha planteado la posible existencia de una estrategia de «*Garden Hunting*», donde estos animales pudieron atraparse en la periferia de los espacios agrícolas (Quirth-Booth y Cruz-Uribe 1997; Smith y Wishnie 2000; Speth y Scott 1989). Debe tenerse en cuenta que la agricultura de pequeña escala, al alterar la estructura de la vegetación, crea situaciones favorables para la fauna de mediano y pequeño porte, lo que se traduce en un incremento artificial de su densidad (Medina y Pastor 2006). De esta manera, las «chacras» prehispánicas pudieron funcionar como polos de atracción para muchos animales, como los armadillos, corzuelas, vizcachas y pecaríes, lo que aumentaría sus posibilidades de encuentro y captura.

Como puede observarse, las comunidades productoras de alimentos hicieron en el marco de sus estrategias socioeconómicas un uso integral del espacio serrano, a través de una serie de complejos mecanismos que generaron un registro arqueológico abundante y diverso.

2.3 Algunos aspectos de la organización socio-política

La documentación etnohistórica generada tras la implantación del régimen colonial indica que, más allá de algunas variaciones particulares, la población aborigen se organizaba en pequeñas comunidades agrícolas, económica y políticamente autónomas (Bixio y Berberián 1984; González Navarro 1999; Piana de Cuestas 1992).

Recurrentemente, estas fuentes etnohistóricas refieren la realización de tareas conjuntas, como alianzas bélicas, cacerías y festejos, que involucraron a individuos de diferentes «pueblos» o «parcialidades». Aparentemente, estas tareas estuvieron dirigidas a fortalecer los lazos que unían a distintos grupos:

«... *si saben que en las juntas que estos indios tienen es costumbre llamarse unos pueblos a otros para la guerra, caçar o comer aunque esten lexos unos de otros...*» (A.H.C., E1, L2, E1, citado por Bixio y Berberián 1984).

«... *es publico e notorio en esta tierra que se juntan los yndios de unos pueblos con otros a comer y en sus justas y cazaderos y para las gerras y para esto tienen sus conozidos y parientes...*» (A.H.C., E1, L2, E2, citado por Piana de Cuestas 1992).

Estas relaciones de alianza y cooperación permitían a algunas comunidades enfrentar los frecuentes fracasos de las principales actividades productivas, en especial la agricultura. Piana de Cuestas (1992) cita el caso del cacique Francisco Matala de Saldán, a quien sus parientes del Valle de Punilla le señalaron unas tierras para que cultive. De este modo, se dirigió al Arroyo Culanpacaya «*a favoreserse de los parientes de su mujer*», donde se instaló por un año hasta que obtuvo cosechas.

Sin embargo, estas comunidades también mantenían con respecto a otras relaciones de conflicto o competencia por recursos o espacios de explotación económica. En este sentido, son frecuentes las referencias al establecimiento de límites territoriales, así como a enfrentamientos bélicos originados por su violación. Para el caso del Valle de Punilla una fuente expresa que:

«...*si los unos o los otros salian a casar, no pasaban de los dichos limites y mojones... y si yvan siguiendo alguna cosa y asertava a pasar de dichos linderos, la dejavan porque si la seguian pasando adelante abia guerras entre los dichos yndios...*» (A.H.C., E1, L2, E2, citado por Piana de Cuestas 1992)

De la documentación hasta aquí señalada se puede inferir que los grupos aborígenes contemporáneos a la conquista hispánica realizaban conjuntamente numerosas actividades. Estas actividades eran de suma importancia, debido a que constituían una estrategia dirigida a enfrentar dificultades derivadas de la inestabilidad del sistema económico o de la existencia de conflictos con grupos rivales.

La evidencia arqueológica disponible indica que estas tareas conjuntas, reseñadas etnohistóricamente, también existieron en tiempos prehispánicos, quizás en forma casi coincidente con el inicio del modo de vida agrícola. Este es el caso de los sitios Río Yuspe 11 y Arroyo Talainín 2, ocupados por numerosos individuos que, en diferentes ocasiones, efectuaron intensas actividades de procesamiento y consumo de alimentos (Pastor 2004).

CAPÍTULO 3
CARACTERÍSTICAS DE LOS SITIOS INVESTIGADOS

3.1 Arroyo Tala Cañada 1

El sitio Arroyo Tala Cañada 1 se ubica en el sector oriental del Valle de Salsacate, en un terreno amplio y plano a orillas de un pequeño tributario del Arroyo Tala Cañada. Su posición geográfica es 31° 22.074′ S y 64° 57.238′ W, mientras que la altura sobre el nivel del mar es de 1325 m (figura 3.1). El lugar presenta condiciones ambientales típicas de los valles de las Sierras de Córdoba.

Los trabajos de campo realizados por Pastor (2004) comprendieron recolecciones superficiales y excavaciones estratigráficas. Se efectuaron 20 cuadrículas de 1 m x 1 m, distribuidas en distintos sectores del sitio (fotos 3.1, 3.2, 3.3, 3.4 y 3.5), en las cuales se alcanzaron profundidades variables entre 20 y 70 cm. Como resultado de estas actividades se recuperaron abundantes fragmentos cerámicos, útiles y desechos líticos, así como restos faunísticos y arqueobotánicos.

Las hipótesis funcionales planteadas para el sitio establecen que Arroyo Tala Cañada 1 constituyó una base residencial, posiblemente de características similares a las reconocidas en Potrero de Garay (Pastor 2004). Por lo tanto, se espera que el material cerámico refleje la realización de una amplia gama de actividades de carácter doméstico y extradoméstico,

en las que habrían participado un número variable de individuos. De esta manera, las vasijas deberían presentarse en cantidades, tamaños, formas y funciones diversas.

3.2 Río Yuspe 14

Se trata de un pequeño abrigo rocoso (11 m² de superficie cubierta), de 4 m de largo, 3 m de profundidad y 2.5 m de altura máxima, con abertura hacia el sudeste (figura 3.2, foto 3.6). Se localiza en el sector norte de la Pampa de Achala, en las proximidades del faldeo septentrional del Cerro Los Gigantes. Las coordenadas geográficas son 31° 22.721' S y 64° 49.064' W, mientras que la altura sobre el nivel del mar es de 1860 m (figura 3.1).

Los trabajos llevados a cabo en el sitio por Pastor (2002b), consistieron en recolecciones superficiales y excavaciones estratigráficas; estas ultimas efectuadas en casi toda la superficie bajo la línea de goteo y parte del talud exterior. Se realizaron cuadrículas de 50 cm de lado, lográndose una profundidad máxima de 25 cm. Los artefactos recuperados corresponden a fragmentos cerámicos, desechos e instrumentos líticos, semillas carbonizadas, restos de fauna y carbón (foto 3.7).

Pastor y Medina (2002) consideran que este sitio habría

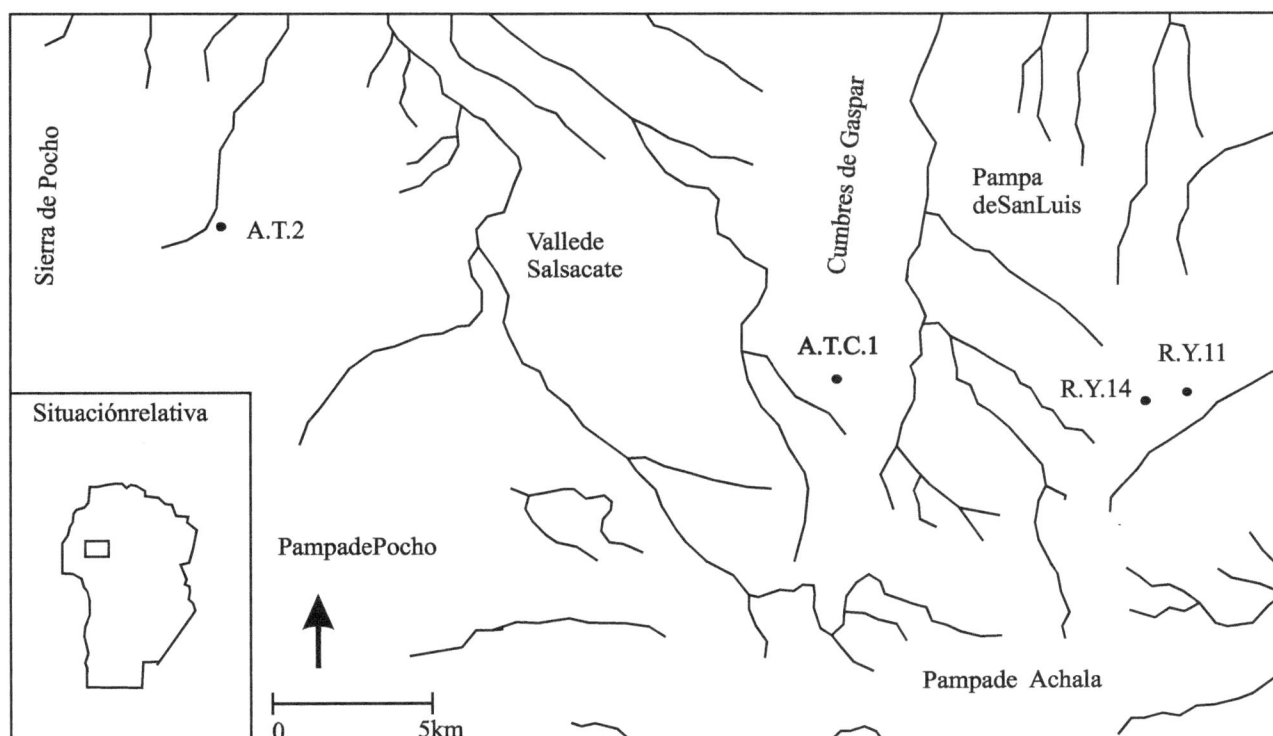

Figura 3.1: Localización de los sitios arqueológicos estudiados

Foto 3.1: Fondo de valle donde se sitúa Arroyo Tala Cañada 1

sido objeto de un uso residencial de carácter estacional. Probablemente, vinculado a un sistema pastoril establecido en las pampas de altura o a una estrategia de dispersión estacional de los poblados, la cual pudo estar destinada a enfrentar el riesgo agrícola (Pastor com. pers. 2004).

De acuerdo a estas hipótesis, se espera que el análisis del registro cerámico refleje la realización de diferentes actividades a escala doméstica o por parte de un reducido número personas, tales como el procesamiento, consumo y almacenamiento de alimentos. Asimismo, las vasijas deberían presentar una amplia variabilidad morfo-funcional, aunque en escaso número y en tamaños medianos a pequeños.

3.3 Río Yuspe 11 y Arroyo Talainín 2

Estos sitios se presentan en forma conjunta ya que se los

Foto 3.2: Vista general de Arroya Tala Cañada 1

Foto 3.3: Estructuras de surcos en el sitio Arroyo Tala Cañada 1

considera similares desde el punto de vista funcional. El sitio Río Yuspe 11 se ubica en el sector septentrional de la Pampa de Achala, en las proximidades del Cerro Los Gigantes (figura 3.1). Sus coordenadas geográficas son 31° 22.742′ S y 64° 48.556′ W, mientras que la altura sobre el nivel del mar es de 1810 m.

Se trata de un abrigo rocoso de 56 m² de superficie cubierta

y de un talud exterior de grandes dimensiones, localizados en la margen septentrional del Río Yuspe. Se registraron 38 morteros fijos, de diámetro y profundidades diversas, emplazados en rocas planas ubicadas dentro y fuera del abrigo (figura 3.3, foto 3.8).

Se practicaron recolecciones superficiales y cuatro sondeos de 1 m x 1m en el interior del abrigo y en una pequeña

Foto 3.4: Material cerámico y óseo en el piso de ocupación del sitio Arroyo Tala Cañada 1

Foto 3.5: Trabajos de excavación en Arroyo Tala Cañada 1

Foto 3.6: Vista del sitio Río Yuspe 14

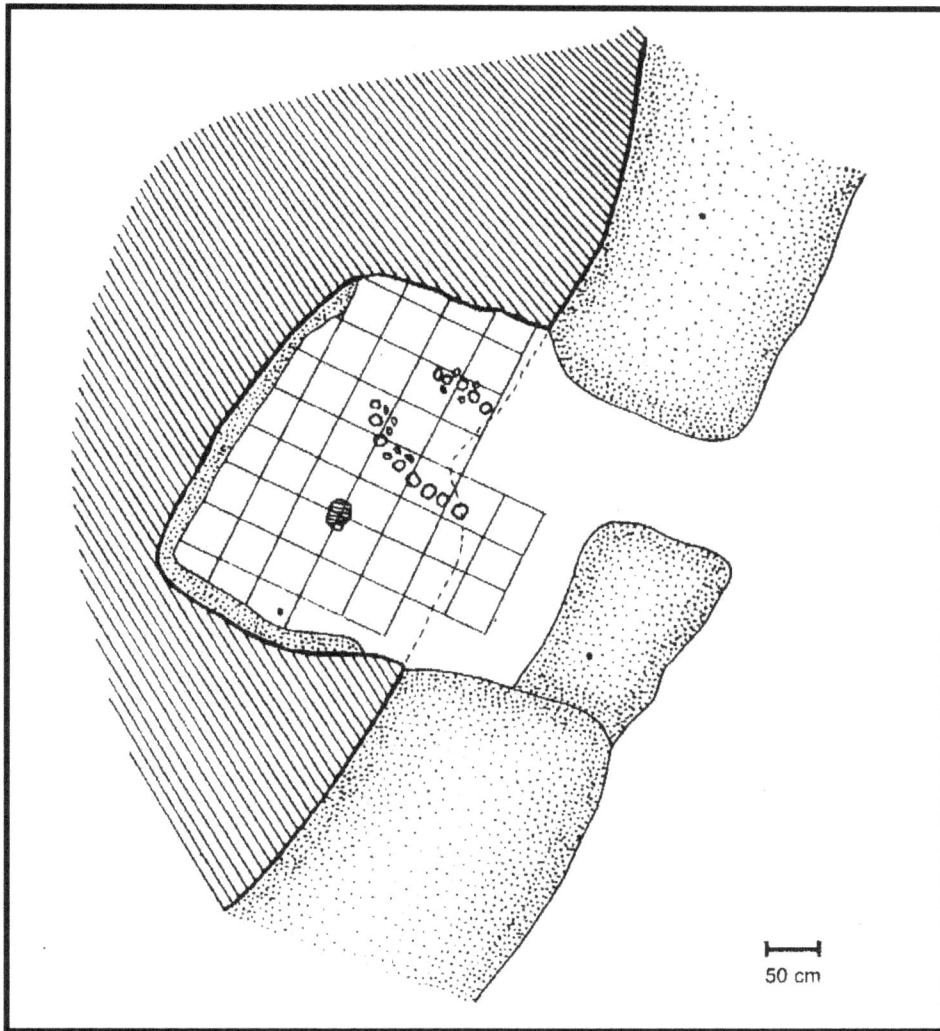

Figura 3.2: Planta del sitio Río Yuspe 14

Foto 3.7: Estructura de combustión en el piso de ocupación del sitio Río Yuspe 14

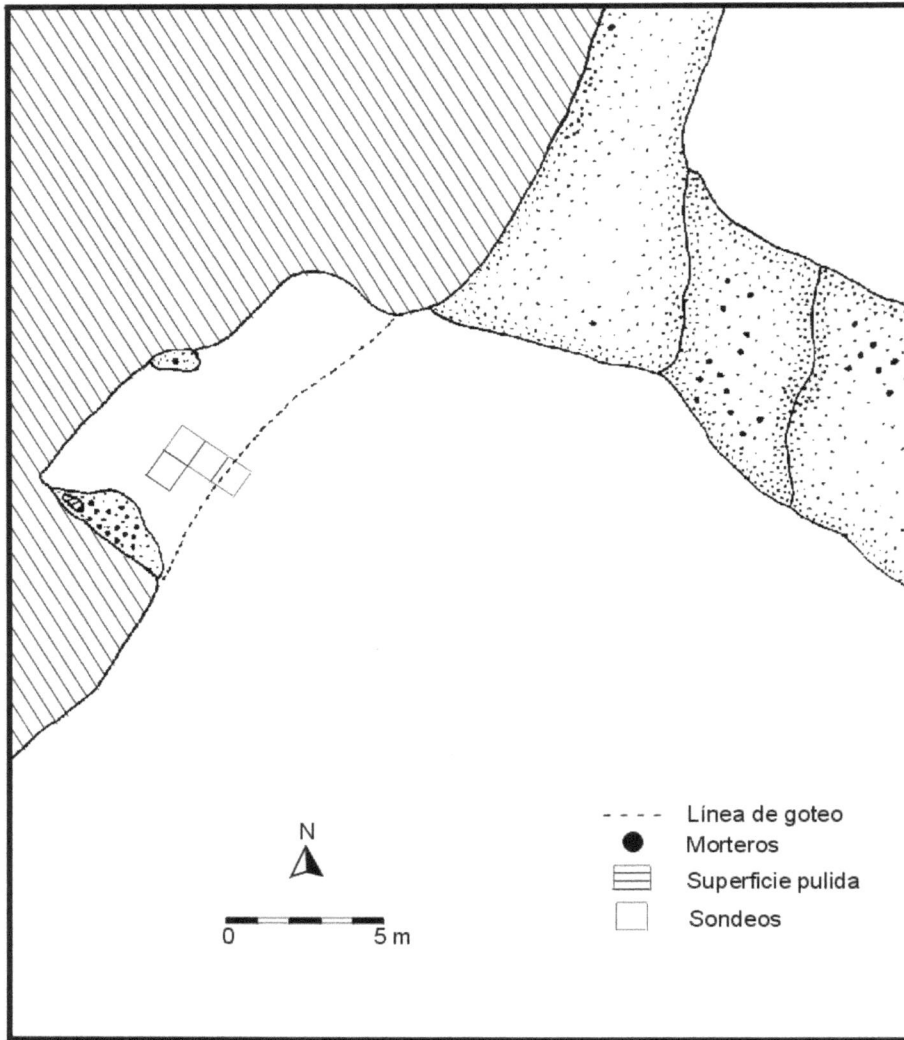

Figura 3.3: Planta del sitio Río Yuspe 11

Foto 3.8: Sitio Río Yuspe 11

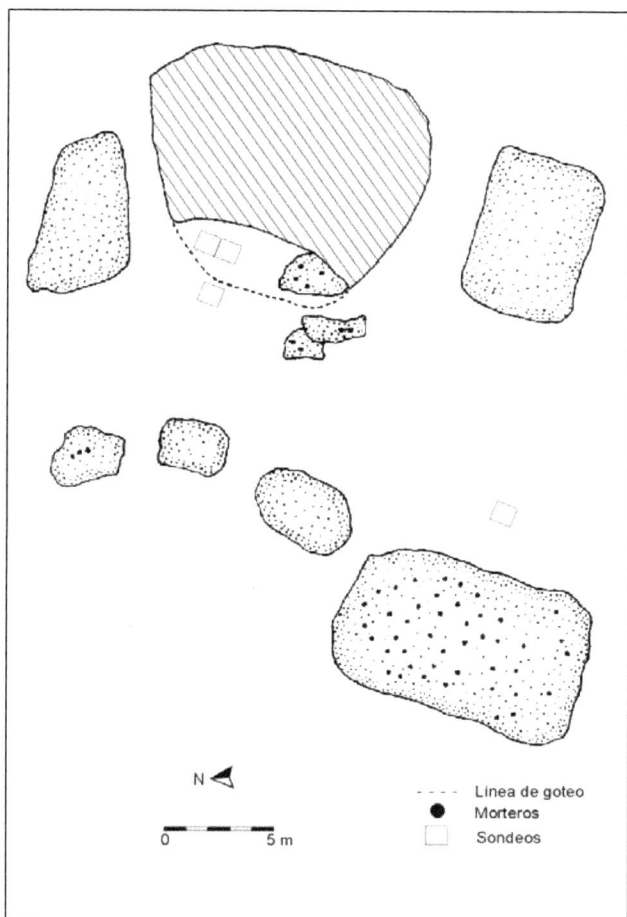

Figura 3.4: Planta del sitio Arroyo Tanainín 2

porción del talud exterior, alcanzando una profundidad de 45 cm. Estos trabajos, efectuados por Pastor (2004), permitieron rescatar fragmentos cerámicos, instrumentos óseos, restos faunísticos, desechos y artefactos líticos.

Arroyo Talainín 2 se localiza en el sector occidental del Valle de Salsacate, a pocos metros del Arroyo Talainín y en las cercanías del Cerro Véliz (figura 3.1). Las coordenadas geográficas son 31° 18.193´ S y 65° 12.233´ W y la altura sobre el nivel del mar alcanza los 1030 m.

El sitio comprende un pequeño abrigo rocoso de 16 m² de superficie cubierta y un talud exterior de 500 m². Se identificaron 56 morteros fijos de diferentes dimensiones, emplazados en rocas planas localizadas en el talud y en el interior del abrigo (figura 3.4, foto 3.9).

En este caso, los trabajos desarrollados por Pastor (2004) comprendieron recolecciones superficiales y cuatro sondeos de 1 m² de superficie, dos dentro del abrigo y los restantes en el talud exterior. La profundidad alcanzada fue de 50 cm en el interior del abrigo y de 30 cm en el exterior. Los materiales recuperados corresponden a desechos de talla e instrumentos líticos, fragmentos cerámicos y restos faunísticos.

A pesar de las diferencias ambientales recientemente descriptas, se considera que ambos sitios habrían tenido una funcionalidad similar. Se trataría de sitios de propósitos especiales ocupados en diferentes ocasiones por numerosos individuos, probablemente pertenecientes a

Foto 3.9: Vista del sitio Arroyo Tanainín 2

diferentes unidades sociales, donde las actividades de procesamiento y consumo de vegetales y animales jugaron un papel preponderante (Pastor 2004).

Siguiendo esta hipótesis, se espera que el registro artefactual cerámico de los sitios se encuentre representado por un elevado número de vasijas, variables desde el punto de vista morfo-funcional, o bien por escasos recipientes de gran tamaño.

CAPÍTULO 4
CONSIDERACIONES TEÓRICAS

Los modernos estudios ceramológicos se iniciaron en Europa Central, a fines del siglo XIX, como resultado del incremento sin precedentes de las excavaciones arqueológicas. Esta situación generó un notable aumento del número de artefactos cerámicos recuperados, los cuales pasaron a ocupar un sitial de privilegio en el análisis arqueológico, en detrimento de megalitos, fortificaciones y túmulos, que hasta entonces habían concitado un interés casi exclusivo por parte de los investigadores.

4.1 Etapa histórico-clasificatoria

A partir de esta preocupación, se inició una fase en la historia de la arqueología conocida como Histórico-clasificatoria o tipológica, que se caracterizó por la creencia de que los tipos constituían algo más que una forma conveniente de subdividir el material. Es decir, una vez creados podían ordenarse según la idea de un desarrollo y emplearse para probar secuencias cronológicas (Orton et al. 1997).

Es en este periodo donde se produjeron importantes innovaciones teórico-metodológicas, en lo que respecta al modo de estudiar los artefactos cerámicos, las cuales no solo tuvieron vigencia en Europa y Norteamérica, sino que se difundieron por el resto del mundo, con notable vigencia hasta la década de 1960.

La tipología constituyó la principal herramienta metodológica en la reconstrucción de la historia cultural. Los tipos se construían a partir de la observación directa de los atributos formales y su ordenamiento en secuencias seriadas servía para la identificación de grupos culturales, para elaborar cronologías o formular inferencias de transmisión y difusión de elementos en una región determinada. Así, la tipología se transformó en la meta de la clasificación artefactual, a partir de la cual se elaboraban reconstrucciones históricas (Zedeño 1985).

Otras innovaciones metodológicas importantes fueron la incorporación de los fragmentos cerámicos como unidades de análisis, los estudios de arqueometría, cuantificación y tecnología.

En síntesis, en esta época predominaron los trabajos que apuntaban a establecer una correlación directa entre conjuntos cerámicos y secuencias estratigráficas. De esta forma, el énfasis se colocaba en la distribución vertical (i.e. cronología) y regional, tratando a las vasijas y tiestos como si se trataran de verdaderos fósiles directores (Orton et al. 1997).

4.2 Nuevos enfoques

A principios de la década de 1960, comenzó a gestarse una postura renovadora en lo que respecta al modo de enfocar los estudios arqueológicos. En consecuencia, se propuso la necesidad de contar con un enfoque más integral, con énfasis en aspectos ecológicos, económicos y sociales, teniendo en cuenta sus transformaciones en un sentido procesual (Binford 1968; Renfrew y Bahn 1993).

En este contexto, los estudios ceramológicos también fueron objeto de profundas críticas e innovaciones. La primera de ellas giraba en torno al procedimiento por medio del cual se efectuaban las dataciones. Este cuestionamiento obtuvo singular aceptación como resultado de la aparición del método radiocarbónico, que permitía obtener fechas absolutas de forma rápida y eficaz sin necesidad de acudir al sistema de la cronología comparada. De esta manera, desapareció gradualmente el concepto de que los restos cerámicos actuaban como fósiles directores (Renfrew y Bahn 1993).

También se propuso utilizar unidades de análisis más pequeñas, e integrar estudios etnográficos y técnicas científicas a los trabajos cerámicos (Orton et al. 1997).

Finalmente, la principal crítica estuvo vinculada a la escasa potencialidad que se atribuía a la cerámica como fuente de información arqueológica, ya que el excesivo énfasis descriptivo dejaba de lado la indagación de numerosos aspectos económicos, sociales e históricos (Lumbreras 1983; Navarrete Sánchez 1990; Zedeño 1985).

Como resultado de estos replanteos y de su rápida aceptación por parte de los especialistas, se produjo una ruptura con los trabajos tradicionales, así como el inicio un nuevo periodo en los estudios ceramológicos.

A partir de este momento, el potencial de la cerámica como evidencia arqueológica creció ampliamente, permitiendo rescatar su capacidad de obtener información sobre fenómenos y procesos esenciales del desarrollo socio-histórico de los grupos del pasado. Dentro de estas nuevas perspectivas se pueden citar: (1) los estudios sobre las condiciones tecnológicas bajo las que se produjeron los artefactos cerámicos - obtención de materias primas, procesamiento y técnicas de elaboración-; (2) las funciones primarias y secundarias que cumplieron las vasijas; (3) los patrones estéticos históricamente conformados; (4) las formas de organización económica y uso del espacio de dicha sociedad; (5) los mecanismos de contacto e intercambio efectuados con otros grupos; o (6) las posibles relaciones políticas y religiosas (Navarrete Sánchez 1990, Orton et al. 1997). Esta potencialidad informativa puede ser aprehendida a partir de tres grandes niveles de análisis, los cuales servirán como marco de referencia para el desarrollo de nuestro trabajo:

1- Estudio de la producción: la importancia de profundizar en este campo radica en que brinda una idea de la relación establecida entre hombre, ambiente y trabajo, como parte de su vida social. En consecuencia, será posible la identificación de los recursos que se obtuvieron del ambiente y su transformación en diversos grados de complejidad, correspondientes al grado de desarrollo o capacidad productiva de dicha sociedad (Zedeño 1985). Para abordar esta problemática se toman en cuenta los siguientes aspectos interrelacionados, que se solo se distinguen a los fines analíticos:

-Proceso de morfogénesis: por medio de su análisis se busca determinar las técnicas aplicadas en la construcción de la vasija (ahuecado, moldeado, enrollado, torneado, etc.), las cuales pueden ser identificadas a través de las huellas que suelen quedar en la superficie y el interior de las paredes (Lumbreras 1984b).

-Características de las pastas: su estudio consiste en la identificación de la arcilla y antiplásticos utilizados, los que proporcionan información sobre su selección, procedencia y características físicas del producto cocido. Los análisis físicos y químicos, tales como difracción de rayos X, fluorescencia de rayos X, activación neutrónica, cortes delgados, o también a través de análisis macroscópicos y lupa binocular -como se aplican en nuestro trabajo-, constituyen los medios más adecuados para abordar esta problemática.

No obstante, dentro de este campo existen una serie de características relevantes que se deben tener en cuenta, ya que influyen en gran medida en las propiedades físicas de las vasijas. Por ejemplo, la composición de la pasta, sus combinaciones y la selección del antiplástico mejoran la manufactura de la pieza, al disminuir la plasticidad, aunque también influyen en el proceso de secado y tiempo de cocción. Además, al controlar la plasticidad de la pasta y aumentar su resistencia a la flexión, confieren resistencia a las rupturas. Esta resistencia se puede dividir en dos partes, la primera es «la resistencia a la iniciación de la fisura», que depende de la capacidad de las moléculas de la arcilla de formar una pasta homogénea y continua evitando el comienzo de la fractura. La segunda es la «resistencia a la propagación de la fisura», determinada por la presencia de irregularidades en la matriz, quienes atraen las micro fracturas, mitigándolas, incrementando la vida útil de la vasija (Braun 1983). Asimismo, las características de la pasta influyen en la evaporación de los contenidos, la resistencia al shock térmico, el estrés mecánico y la efectividad en el enfriado y/o calentamiento.

La porosidad, densidad y permeabilidad de la pasta son también elementos fuertemente interrelacionados, ya que la variación en uno de ellos influye directamente sobre los otros. La primera se refiere a la presencia de espacios dentro de la pared, los cuales permiten a los líquidos moverse dentro de la misma. La densidad puede ser considerada lo opuesto a porosidad, ya que consiste en el peso de un objeto por unidad de volumen. Estos dos elementos pueden ser manipulados durante la confección de la pasta, a través de la preparación de la arcilla y de la selección del tamaño, forma y cantidad de antiplástico. Finalmente, la permeabilidad consistente en la penetración de la humedad en la pared de la vasija a través de los poros. Esto puede ocurrir tanto desde el exterior o bien por filtración de un líquido contenido en la vasija. Esta acción puede ser disminuida modificando la superficie interior o exterior de la vasija, o ambas a la vez, para aumentar su densidad o para hacerla actuar como una barrera de penetración, mediante la aplicación de un engobado, alisado o pulido. Igualmente, algunos tratamientos poscocción (v.g. materiales vegetales) pueden disminuir la permeabilidad sin afectar la porosidad de la vasija (Rice 1987).

-Grosor de las paredes: es otro aspecto que afecta la conductividad térmica, la resistencia a la flexión y la resistencia al shock térmico. En este sentido, mientras más finas son las paredes, mayor es la conductividad térmica y la resistencia al shock térmico. Sin embargo, disminuye la resistencia a la flexión (Braun 1983; Rice 1987).

-Acabado y tratamientos especiales de superficie: estos procesos se llevan a cabo después de haber moldeado la pieza e implican la aplicación de técnicas como el alisado, pulido, bruñido, pintado, inciso, estriado, etc. Tal como lo mencionamos, en algunos casos son utilizados para disminuir la permeabilidad de las vasijas -alisado, pulido- o para proveer un agarre seguro -estriado-, entre otros fines. A este tipo de información se accede por medio de análisis físico-químicos y de estudios experimentales, de gran utilidad para determinar los distintos tipos de coberturas, así como sus diferentes posibilidades en términos de performance mecánica (Cremonte 1988; Rice 1987).

-Cocción: tiene el propósito de transformar los minerales de la arcilla a un nuevo material, la cerámica. El alfarero tiene que controlar tres variables principales: la cantidad de calor, la temperatura máxima y la atmósfera que rodea el objeto. Estas variables producen efectos en el color de la pasta, su dureza, porosidad, etc. Para conocer las temperaturas de cocción se pueden llevar a cabo estudios mineralógicos a través de cortes delgados, difracción de rayos X, análisis térmico diferencial, los cuales determinan el comportamiento de los minerales indicadores de temperaturas de formación y descomposición (Cremonte 1988; Orton et al. 1997). En nuestro trabajo sólo se utilizarán métodos que implican observación directa, como el cálculo de dureza, porosidad aparente y tipo de fractura fresca.

2- Clasificación funcional: las vasijas son instrumentos utilizados mecánicamente como contenedores, cuya función tiene lugar en tres amplios dominios: almacenamiento, procesamiento y transporte. Asimismo, el o los usos específicos para los cuales se elaboró un recipiente son adecuados mediante las características de diseño. En este sentido, diferentes aspectos deben ser tenidos en cuenta: (1) si los contenidos son sólidos o líquidos; (2) si son calientes o fríos; (3) la frecuencia de transacciones dentro o fuera del contenedor; (4) duración del episodio de uso (especialmente en el caso del almacenamiento); (5) distancia (en transferencia); (6) si se utilizan utensilios en los contenedores; (7) si la actividad es atendida o no; y (8) el volumen de bienes a ser almacenados, procesados o movidos (Rice 1987).

Por su parte, Braun (1983) no habla de características de diseño, sino que introduce el concepto de perfomance mecánica. Sostiene que las características de performance mecánica de una vasija, al igual que todo instrumento, están determinadas por sus propiedades físicas y morfológicas, las cuales, a su vez, están restringidas por su contexto y condiciones deliberadas de uso. De esta manera las características de performance mecánica sirven para medir cuan adecuado está un recipiente para el desarrollo de tareas específicas.

Este trabajo sigue fundamentalmente los lineamientos propuestos por Braun (1983), a los que se suman algunas de las características de diseño definidas por Rice (1987). Además, se toman en cuenta las contribuciones realizadas por Cremonte (1988), Hally (1986) y Schiffer y Skibo (1987), quienes amplían la lista de características relacionadas con la perfomance mecánica. Finalmente, se incorporan las propiedades relacionadas al uso y los aspectos tecnológicos señalados por Rice (1987), los cuales, según entendemos, están incluidos dentro del concepto de performance mecánica. En consecuencia, el conjunto de elementos a ser tenidos a cuenta para la evaluación de la performance mecánica son:

a- Capacidad efectiva de la vasija: es el volumen máximo de material que cabe en la vasija. Depende esencialmente de la forma y tamaño del recipiente. Rice (1987) considera que la relación entre uso y capacidad se relaciona con el tipo de material que se introduce en el contenedor (sólido o líquido), la duración de uso, el número de usos anticipados y los factores micro ambientales, como la disponibilidad de agua (Hally 1986; Rice 1987).

b- Estabilidad: consiste en la habilidad de estar vertical en una superficie plana, sin ladearse o volcarse. Este aspecto está determinado por la forma, diámetro máximo de la vasija, centro de gravedad y ancho de la base. En ciertos casos es deseable la inestabilidad, como cuando se necesita volcar los contenidos inclinando la vasija (Hally 1986; Rice 1987).

c- Manipulación de los contenidos: es la conveniencia para manipular los contenidos de una manera particular (almacenar, transportar, calentar, cocinar). Aquí el condicionamiento está marcado por la forma y alto del cuerpo, diámetro del orificio, presencia de distintos tipos de apéndices, composición, grosor y estructura cristalina de la pared (Braun 1983; Hally 1986).

d- Accesibilidad de los contenidos: se refiere a la facilidad de llegar a los contenidos, permitiendo la entrada y salida de algún material. En este caso el tamaño, altura y forma del cuerpo y del orificio de la vasija actúan como atributos determinantes (Braun 1983; Hally 1986; Rice 1987).

e- Cierre del orifico o seguridad de contención: consiste en la capacidad de cerrar o cubrir bien la vasija para prevenir derramamiento o pérdidas. Este aspecto está sujeto a la forma y diámetro del borde, y a la presencia de protuberancias o rebordes (Hally 1986; Rice 1987).

f- Contención de derrame: es la capacidad de evitar que los contenidos se derramen durante el movimiento de la vasija o manipulación de sus contenidos. La restricción y ángulo del orificio condicionan esta característica (Hally 1986).

g- Transportabilidad o facilidad de movimiento: está determinada por varios factores como la forma, tamaño, peso, grosor de las paredes, densidad de la arcilla y la capacidad de asir o sujetar (Rice 1987; Schiffer y Skibo 1987).

h- Facilidad de manufactura: la facilidad de moldeado está influenciada por la composición de la pasta, sus combinaciones y la selección del antiplástico. Éstas características mejoran el trabajo al disminuir la plasticidad de la pasta, influyen en el secado y proveen una aceleración a la cocción (Braun 1983; Schiffer y Skibo 1987).

i- Suspensión de la vasija: es la capacidad de suspender las vasijas por encima del nivel del suelo, que se ve facilitada, por ejemplo, por la presencia de asas (Hally 1986).

j- Utilización espacial: esta es una característica exclusiva del almacenamiento, consistiendo en una gran capacidad de almacenamiento y una mínima utilización del espacio. Este atributo es evaluado considerando la proporción entre alto máximo y diámetro máximo de la vasija (Hally 1986).

k- Evaporación de los contenidos: esta característica es considerada positiva o negativa en base a la funcionalidad para la que fue realizada la vasija: en algunos casos puede ayudar a la refrigeración de los contenidos -almacenamiento de agua-, mientras que en otros -v.g. cocción prolongada- la evaporación resultará perniciosa. Esta característica se puede controlar por medio del diámetro del orificio y la porosidad de las paredes -permeabilidad- (Hally 1986; Schiffer y Skibo 1987).

l- Efectividad de calentamiento: consiste en la eficiencia de absorción del calor, que depende de la forma de la vasija, de su base, y del grosor y composición de las paredes (Hally 1986; Schiffer y Skibo 1987).

m- Pérdida de calor de los contenidos: es determinado principalmente por el tamaño del orificio de la vasija, puede medirse en base a la proporción del área del orificio y la capacidad de la vasija (Hally 1986).

n- Resistencia al estrés mecánico: se refiere a la habilidad de tolerar distintos tipos de estrés como resistencia a la ruptura (ausencia de fragilidad), penetración (rigidez), destrozarse o fallar (integridad) y deformación (por ejemplo por compresión). Depende en gran medida de su dureza y resistencia, aspectos que tienen estrecha relación con la composición de la pasta (tipo, tamaño, forma, proporciones de la arcilla e inclusiones) y con la cocción como modificador final de los componentes de la arcilla. También son significativos el peso, forma, grosor de las paredes y revestimientos resinosos (Braun 1983; Brotnisky y Hamer 1986; Rice 1987; Schiffer y Skibo 1987).

ñ- Resistencia al shock térmico: es la capacidad de soportar la tensión causada por reacciones desparejas de una vasija con respecto al calor. Cuando una vasija es calentada rápidamente, la superficie se expande más rápido que el interior, por lo que es sometido a un estrés compresor, mientras que el interior está bajo tensión de estrés; cuando se enfría sucede lo opuesto. Cuando este estrés excede la dureza del material, ocurre la falla por shock térmico. Son determinantes en este aspecto la forma de la vasija, el grosor, la porosidad y la composición de la pasta (tamaño, densidad y el coeficiente de expansión térmica) (Braun 1983; Brotnisky y Hamer 1986; Hally 1986; Rice 1987; Schiffer y Skibo 1987).

o- Durabilidad: se refiere al tiempo de vida útil de la vasija. Depende de la resistencia al shock térmico y al estrés mecánico, grosor de las paredes y forma (Rice 1987).

p- Peso: es de importancia en la función de transferencia. Está fuertemente condicionado por el tamaño y grosor de las paredes (Rice 1987).

Por otra parte, y más allá de estas características de performance mecánica, existen evidencias más directas para la determinación de la funcionalidad de los recipientes, como es el caso de las huellas de uso. Estas incluyen restos de las sustancias adheridas, nubes de fuego, restos de hollín y huellas de desgaste relacionadas al uso.

En efecto, en casi todas las etapas del proceso culinario, de almacenamiento y en algunas relativas al transporte suelen quedar adheridos restos orgánicos. Algunos de ellos pueden ser visibles en forma de restos carbonizados, mientras que otros fueron absorbidos y retenidos por los materiales cerámicos porosos, sin dejar ninguna marca visible. Las sustancias que pueden ser identificadas comprenden fosfatos, polen, fitolitos, sales, resinas, gomas, carbohidratos (almidón, azúcares), grasa animal y aceite vegetal. Los métodos de análisis utilizados para detectar su presencia son la absorción infrarroja, espectrografía de masas, cromatografía de gases y la espectrometría de resonancia magnética de protón.

Por su parte, muchas de las operaciones que se efectúan durante el uso de los recipientes pueden dejar huellas físicas que permiten inferir qué actividades las generaron. La realización repetitiva de tareas como revolver, mezclar, golpear y limpiar el interior con arena puede dañar la superficie interior generando desgaste, estriaciones y/o huecos. La superficie exterior también puede ser desgastada al rasparse con la superficie sobre la cual se apoyó la vasija. Asimismo, un claro indicador de la utilización de las vasijas en tareas relacionadas con la cocción o con su exposición al fuego es la presencia de hollín y nubes de fuego en las paredes exteriores y la base. Cuando el hollín aparece en las paredes y el centro de la base se encuentra oxidado indica que la vasija fue colocada dentro del fuego. Por el otro lado, si la base no muestra señales de oxidación y en cambio tiene depósitos de hollín, significa que la vasija fue suspendida sobre el fuego. Otros efectos que causa la exposición al fuego son el descascaramiento y la formación de pequeñas grietas en la superficie de la vasija (Orton et al. 1997; Rice 1987). Todos estos indicadores, a excepción del desgaste por uso, serán tenidos en cuenta en nuestra investigación a través del análisis macroscópico y microscópico del material.

Finalmente, debe destacarse la importancia de los estudios actualísticos o de rango medio. En este aspecto, la arqueología experimental y la etnoarqueología constituyen una alternativa valiosa dentro de la arqueología, donde la cultura material actual es investigada con el propósito de proveer información necesaria para el estudio del pasado, fundamentalmente con interés heurístico (Binford 1981; De Boer y Lathrap 1979; García 1988; Schiffer 1978; Yacobacio 1991).

Con respecto a los estudios experimentales, y en relación a los análisis ceramológicos, el interés radica en que permiten comprender algunos principios contenidos en las operaciones tecnológicas, dando cuenta de la razón de determinadas opciones adoptadas por el artesano, así como acerca de las funciones potencialmente desarrolladas (López Aguilar y Nieto Calleja 1985; Schiffer y Skibo 1987).

La etnoarqueología, encargada del estudio de la cultura material en el contexto sistémico, busca adquirir información, especifica y general, que resulte de utilidad en la investigación arqueológica. Su diferencia con la arqueología experimental reside en que involucra la búsqueda y estudio de una situación actual, en la cual se pueden observar comportamientos específicos, más que la replicación de situaciones en las cuales se puede simular tal comportamiento (Schiffer 1978). Las perspectivas generadas a partir de numerosos estudios de este tipo (Gómez Otero et al. 1996; Menacho 2001; Yacobacio et al.1998; entre otros) se emplearán en nuestro trabajo como fuente de hipótesis a contrastar con la evidencia arqueológica.

3- Análisis estilístico: Durante la etapa Histórico Cultural el estilo era utilizado para caracterizar las culturas, reconstruir sus secuencias regionales, distribución geográfica y similitudes homólogas. Así, estas similitudes y la concomitante definición de tipos se encontraban al servicio de la generación de inferencias cronológicas (Conkey 1990). De esta forma, el estilo y la función fueron concebidos como elementos contrapuestos, donde los artefactos con valor funcional no poseerían rasgos estilísticos o, de forma contraria, la presencia de elementos estilísticos negaría la existencia de funciones concretas.

Posteriormente, a partir de la década de 1970, esta concepción fue modificada con el abandono de la dicotomía estilo/función y la búsqueda de una integración de ambos conceptos en un mismo nivel de análisis. En este sentido, se adopta la teoría del intercambio de información, desde la cual la cerámica, además de servir como utensilio, lleva consigo, en su decoración[1] y detalles de forma, un efecto comunicativo, restringido por el medio social y simbólico del ceramista (Braun 1983). Así, el estilo tiene funciones en los sistemas de información y comunicación cultural, enviando mensajes de filiación social, política y económica de los individuos (Conkey 1990; Wobst 1977).

El estilo o conducta estilística tiene tres funciones principales: la primera es hacer más predecibles las relaciones sociales, proveyendo información visual inmediata acerca de los participantes de un grupo, al reducir las incertidumbres sobre las identidades de las partes que interactúan y dar pistas acerca de los patrones de comportamiento esperados. Una segunda función es que a medida que las sociedades se complejizan, los estilos refuerzan la interacción social, simbolizando

grupos de afiliación y fortaleciendo la solidaridad grupal. Por último, la conducta estilística es importante en la significación y mantenimiento de límites entre grupos a partir de mensajes visuales de solidaridad grupal (Braun y Plog 1982; Wobst 1977).

Por lo tanto, consideramos estilo como aquella parte de la variabilidad formal artefactual que está relacionada con el funcionamiento de los artefactos en el intercambio de información dentro de un sistema social (Wobst 1977). Esto implica necesariamente el reconocimiento de un código compartido que garantice la transmisión de información. Este código es de orden cultural, ya que fue utilizado por una sociedad determinada, en un tiempo y espacio específicos, siendo conocidos y reconocidos por las personas que envían el mensaje y por quienes lo reciben (Recalde 2001). Así, nuestro objetivo no es comprender los significados contenidos en los motivos confeccionados en los fragmentos cerámicos, sino constatar sí la presencia de los mismos indica una transmisión de información y la existencia de un código compartido.

En algunos casos, la decoración cerámica puede simbolizar filiación o marcar límites transmitiendo mensajes importantes. En otros contextos, la homogeneidad o ausencia de estilo puede señalar la existencia de un grado de cohesión que hizo innecesaria su expresión a través de la cerámica. Aunque también es posible que ésta no haya sido seleccionada como un medio de expresión. Por otra parte, existen sociedades que emplearon una alfarería de elite de circulación restringida, mientras que en otras no hay evidencias de estilos prestigiosos. Las diferentes clases funcionales de vasijas, como las utilizadas para almacenar o servir, pudieron recibir distintos tipos de decoración, y aún ciertas partes de una misma pieza, como el cuello y cuerpo de una jarra, pudieron ser tratados como campos decorativos diferenciados (Plog 1978; Rice 1987).

La decoración estilística está integrada por distintas variables, entre las cuales se encuentran los aspectos técnicos, de diseño, formas de asociación de motivos y uso del espacio plástico. Todas estas variables son utilizadas para describir y caracterizar los motivos - producto de un acto unitario de ejecución- quienes constituyen la unidad mínima de análisis (Gradín 1978, citado por Recalde 2001). La primera variable es la técnica, que consiste en la manera en que está ejecutado el motivo -pintado, inciso, grabado o con surcos rítmicos-. El diseño es la variación en la definición de la forma, que permite establecer diferencias entre los motivos que a simple vista parecen pertenecer a un mismo grupo tipológico, pero que analizados en detalle pueden indicar, por ejemplo, la existencia de variaciones locales (Recalde 2001). Las dos últimas variables permiten vincular los motivos con el espacio soporte. La asociación de motivos es la forma específica en que los motivos individuales se asocian para establecer temas, mientras que el uso del espacio plástico es la ubicación de los motivos dentro

---

[1] Se entiende por decoración no solo el embellecimiento de la pieza con fines estéticos, sino que «es vista como comunicación, como hacedora social, como señales culturales que trabajan en ciertos contextos sociales» (Conkey 1990:10).

del recipiente, el cual pude reflejar el uso de distintas partes de la pieza como campos decorativos diferentes.

El tratamiento de estos aspectos de la decoración estilística debe considerar los posibles vínculos con la función cumplida por los recipientes cerámicos, que implica determinar si existieron diferenciaciones entre las formas de las vasijas y su función, con respecto a la decoración de la que pudieron ser objeto. Finalmente, estas variables deben ser relacionadas con otros tipos de manifestaciones estilísticas, así como con la posición funcional de los sitios de donde provienen los conjuntos y con los aspectos generales de la organización económica y social de los grupos en estudio.

Esta posición permite considerar a la decoración estilística de los fragmentos cerámicos como el resultado de conductas concretas, donde el estilo operó como un elemento activo provisto de funcionalidad, en este caso, la transmisión de información.

CAPÍTULO 5
METODOLOGÍA EMPLEADA

Inicialmente se procedió a la clasificación del material cerámico en modos tecnológicos (*sensu* Olivera 1991). Este término se refiere básicamente a una serie de propiedades comunes de un conjunto de piezas o fragmentos cerámicos, que responden a etapas coherentes de técnicas que conducen a la obtención del artefacto. Las etapas deben seguir un orden preciso y recurrente, desde la obtención de la materia prima hasta la puesta en funcionamiento del elemento en cuestión.

La lista de variables más relevantes tenidas en cuenta en la clasificación fueron: a) técnicas de manufactura, b) características de la pasta, c) grosor de las paredes, d) acabado de la superficie, e) técnicas especiales de decoración, y f) cocción (Olivera 1991).

Con este objetivo, se llevó a cabo una primera clasificación de carácter macroscópica sobre el universo cerámico. Los fragmentos, principal unidad de análisis en este trabajo, fueron discriminados en grupos a partir del acabado de superficie y de técnicas especiales de decoración, para tener en cuenta luego el tipo de antiplástico, la cocción y las evidencias de uso. Posteriormente, se realizó el análisis microscópico del material, que tuvo en cuenta la observación de fracturas frescas, mediante el empleo de lupa binocular. El propósito de este estudio fue confirmar la clasificación en base a criterios macroscópicos y afinar los análisis referidos a los atributos de la pasta (i.e. color[1], textura y grado de compactación; tipo, tamaño y densidad del antiplástico; forma, densidad y tamaño de las cavidades, etc.), tratamientos de superficie, tipo de cocción, técnicas de corte, entre otras (tabla 5.1).

Los materiales que presentaban improntas de cestas y redes recibieron un tratamiento separado. En ambos casos la metodología empleada consistió en elaborar tres fichas por cada tiesto. La ficha «a» tuvo por finalidad la descripción pormenorizada del fragmento teniendo en cuenta los atributos arriba descriptos. La ficha «b» registró la técnica cestera empleada, como así también los caracteres inherentes a la misma –i.e. tipo de fibra, cantidad de elementos funcionando como unidad, espaciado entre unidades, grosor y orientación de los elementos flexibles y rígidos- (tabla 5.2). En tanto, la ficha «c» estuvo destinada a identificar los rasgos correspondientes a los fragmentos que presentaban improntas de redes. Se consideró el tipo, tamaño y regularidad de las mallas, el grosor del hilo y su

sentido de torsión (tabla 5.3). Para llevar a cabo este análisis se efectuaron moldes en positivo por medio de plastilina.

Para el estudio de los estilos decorativos presentes en los fragmentos cerámicos se tomó como unidad mínima de análisis al motivo. A partir del mismo se consideraron variables tales como la técnica empleada, los diseños presentes, la asociación de motivos, el uso del espacio plástico y la relación con la función de los recipientes cerámicos. También se tuvieron en cuenta la vinculación de estas variables con otros tipos de manifestaciones estilísticas, con la posición funcional de los sitios de donde provienen los conjuntos y con los aspectos generales de la organización económica y social de los grupos en estudio.

El material recuperado se encuentra sumamente fragmentado, lo cual dificulta la determinación de las formas de las vasijas. Por este motivo realizamos un relevamiento de los recipientes cerámicos presentes en museos y colecciones privadas, cuya procedencia estuviera vinculada con el área de estudio. El objetivo perseguido fue identificar la variabilidad morfológica de las vasijas presentes en la región. Sin embargo, debido al limitado número de la muestra existente y a la falta de un contexto preciso en muchos de los casos, decidimos no incorporar los pocos recipientes identificados.

Con igual fin, tratamos de generar información a través de la utilización de muestras procedentes de otros sitios del sector, en los cuales los conjuntos cerámicos se presentaban menos fragmentados que en el caso de las muestras seleccionadas para nuestro estudio. Se analizaron 96 bordes procedentes de dos sitios del sector central de Sierras Centrales: Paradero San Roque y Camino Viejo. De esta forma, se pudo reconstruir la forma de un total de 57 recipientes (tabla 5.4), correspondientes a nueve clases morfológicas (figura 5.1). Los datos obtenidos, sumados a la información proveniente de recipientes completos publicados para el área, proporcionaron patrones confiables para la reconstrucción morfológica.

Con esta misma finalidad se intentó el remontaje de piezas, teniendo en cuenta la procedencia, color, espesor y características de superficie de los tiestos.

En numerosas ocasiones, esta infructuosa tarea se vio dificultada por la ausencia de patrones o indicadores decorativos que guiaran la reconstrucción. Además, la alta porosidad y erosión que presentaban numerosos fragmentos en las superficies de fractura impidieron normalmente un ajuste ideal entre los tiestos. No obstante, se observaron rasgos que guiaron el remontaje, lo cual facilitó en cierta medida el trabajo. Por ejemplo, algunas de

---

[1] Para clasificar el color de la cerámica se utilizó el «Sistema de colores de la tierra de Munsell» (Munsell Color Company 1975).

Ficha "a"

-Nombre del modo tecnológico:

-Número de fragmentos de la muestra:

-Técnica de manufactura

-Pasta:

    Antiplástico: Composición:

                  Tamaño:

                  Distribución:

                  Densidad:

    Color: Margen interior:

           Margen exterior:

           Núcleo:

    Textura:

    Fractura:

    Cavidades: Forma:

              Tamaño:

              Densidad:

-Superficie:

    Color: Superficie interior:

            Superficie exterior:

    Tratamiento: Superficie interior:

                Superficie exterior:

    Dureza:

-Tipo de cocción:

-Espesor de las paredes:

-Técnicas especiales de decoración:

-Observaciones:

Tabla 5.1

las vasijas que fueron expuestas repetidamente al fuego presentaban ciertas características distintivas en sus diferentes partes. Así, los tiestos pertenecientes a la zona basal se mostraron en gran porcentaje recocidos y con diferentes tonalidades de color, siendo una cerámica eminentemente desmigable. En cambio, los fragmentos cubiertos de hollín (producto de las emanaciones de gases que los afectaron con intensidad), en su mayoría correspondieron al sector intermedio de la pieza. Por último, el material cerámico procedente del sector superior del recipiente se mostró casi siempre totalmente limpio, exhibiendo sus colores originales (Zagorodny 1996).

Cuando no fue factible el empleo de esta técnica, se estimó el tamaño y la morfología de los recientes utilizando la totalidad de los bordes presentes, -mayores a 2 cm-, que presentaban un ángulo de curvatura de más de 10° (Blitz 1993; Meggers y Evans1969).

En este sentido, los perfiles de los bordes fueron dibujados

Ficha "b"

-Procedencia:

-Código:

-Técnica:

-Elementos flexibles:

    Cantidad:

    Orientación:

    Número de elementos funcionando como unidad:

    Grosor de los elementos individuales   Grosor de la unidad

    ....

    ....

    ....

    Espaciado entre unidades:

    Tipo de fibra:

-Elementos rígidos:

    Cantidad:

    a) Orientación:

    Número de elementos funcionando como unidad:

    Grosor de los elementos individuales   Grosor de la unidad

    ....   ……………….........

    ....

    ....

    Espaciado entre unidades:

    Tipo de fibra:

    b) Orientación:

    Número de elementos funcionando como unidad:

    Grosor de los elementos individuales   Grosor de la unidad

    ....

    ....

    ....

    Espaciado entre unidades:

    Tipo de fibra:

-Motivos decorativos:

Tabla 5.2

Ficha "c"

-Procedencia:
-Código:
-Tipo de red:
-Tamaño de la celda:
-Grosor del hilo:
-Ángulo de torsión del hilo:
-Observaciones:

Tabla 5.3

Formas	San Roque	Camino Viejo
Forma I	12	3
Forma II	10	2
Forma III	3	-
Forma IV	3	1
Forma V	10	2
Forma VI	5	-
Forma VII	2	-
Forma VIII	1	-
Forma IX	3	-

Tabla 5.4. Tipos de vasijas identificadas en San Roque y Camino Viejo

con la orientación que debieron tener originalmente en la vasija completa. Esto pudo determinarse dirigiendo la visual a lo largo de la curvatura del labio. Luego, su perfil fue transferido a una hoja de papel milimetrado, de manera que el plano horizontal que representaba el diámetro del borde fuera paralelo a la parte superior de la hoja. Conservando esta dirección constante, las diferencias en el ángulo o inclinación de la pared, expuestas por el dibujo de los bordes, fueron interpretadas como resultados de variaciones en la forma de la vasija o de su borde y no como causa de la falta de coherencia a la hora de ser clasificarlos. Asimismo, todos los perfiles fueron orientados en la misma dirección (en esta oportunidad con la superficie exterior hacia la izquierda) y se dibujaron a escala directa, lo cual aseguró la uniformidad para todos los dibujos. Los bordes que mostraron una orientación dudosa fueron incluidos dentro de la categoría «inclasificables». Las formas identificadas fueron descriptas siguiendo los lineamientos propuestos por la Primera Convención Nacional de Antropología (1964) y Shepard (1956).

El diámetro de la boca se estimó por medio de la utilización de una escala de semicírculos concéntricos de diámetro graduado a intervalos de 1 cm (figura 5.2). Para alcanzar una medida precisa, el ángulo que forma la pared del cuerpo con el plano horizontal debió conservarse en la misma posición que presentaba al dibujar el perfil del borde. En los casos que la orientación fue correcta, el borde tocó la superficie de la escala de líneas concéntricas en todo su perímetro (con desviaciones menores producto de la irregularidad de la superficie del fragmento). Por el contrario, los bordes que solo se apoyaron mediante sus extremos, se debió a que se los había inclinado demasiado hacia el lado interno. Finalmente y una vez obtenida la orientación precisa, se procedió a mover el borde sobre la escala hasta que su curvatura se aproximara a la de uno de los círculos concéntricos (Meggers y Evans 1969).

Para la determinación del tamaño de los recipientes se emplearon los lineamientos propuestos por Blitz (1993) y Hally (1986), quienes postulan que el diámetro del orificio constituye una eficaz herramienta para la estimación del tamaño de las piezas.

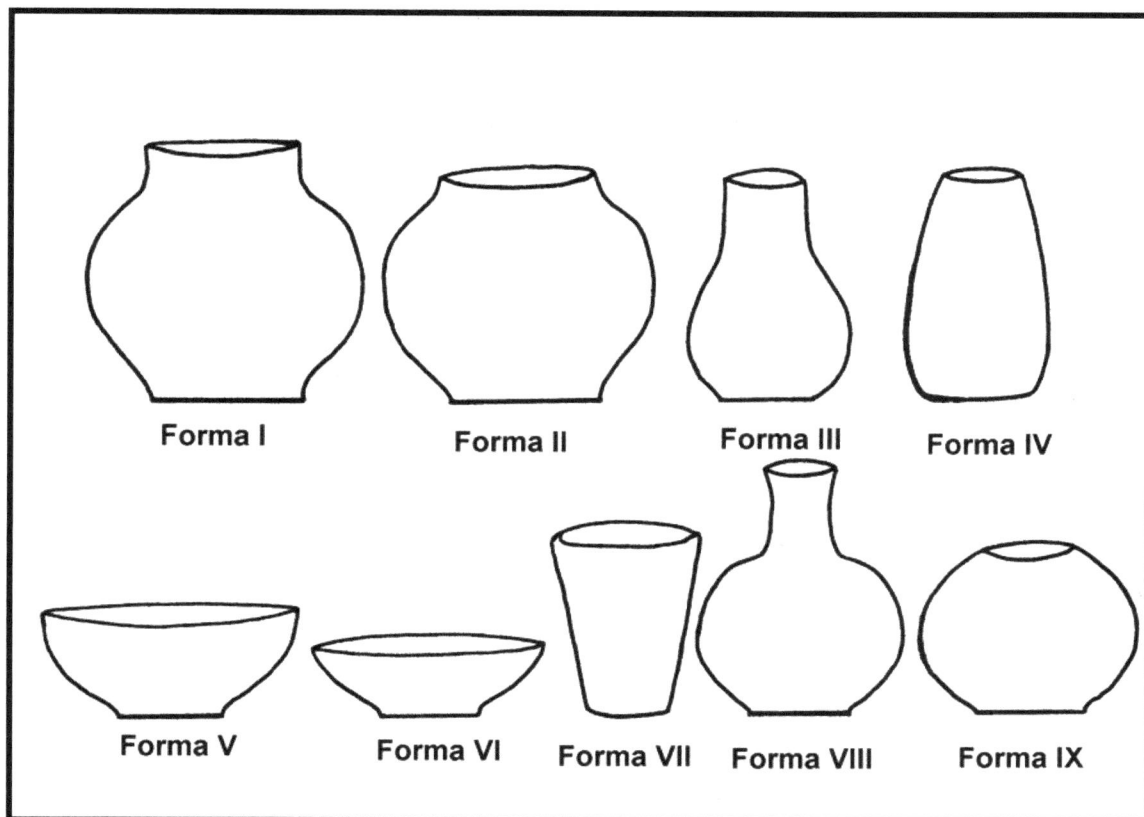

Figura 5.1

Una vez reconstruidas las formas, se enunciaron hipótesis de corte funcional, a través de los siguientes criterios: 1) características de performance mecánica y de diseño derivadas de las características morfológicas y tecnológicas de las vasijas, 2) huellas de utilización y 3) expectativas derivadas de investigaciones etnoarqueológicas y experimentales (Adovasio 1977; Aparicio 1928; Arnold et al. 1991; Blitz 1993; Braun 1983; Bronitsky y Hamer 1986; Cremonte 1988; De Boer 1974; De Boer y Lathrap 1979; Figueroa et al. 2004; García 1988; Gómez Otero et al. 1996; Hally 1986; Henrickson y McDonald 1983; Lumbreras 1983, 1984a, 1984b; Menacho 2001; Nelson 1981; Orton et al. 1997; Pastor 1999; Pratt 1999; Rice 1987; Schiffer y Skibo 1987; Yacobaccio et al. 1998; Zedeño 1985).

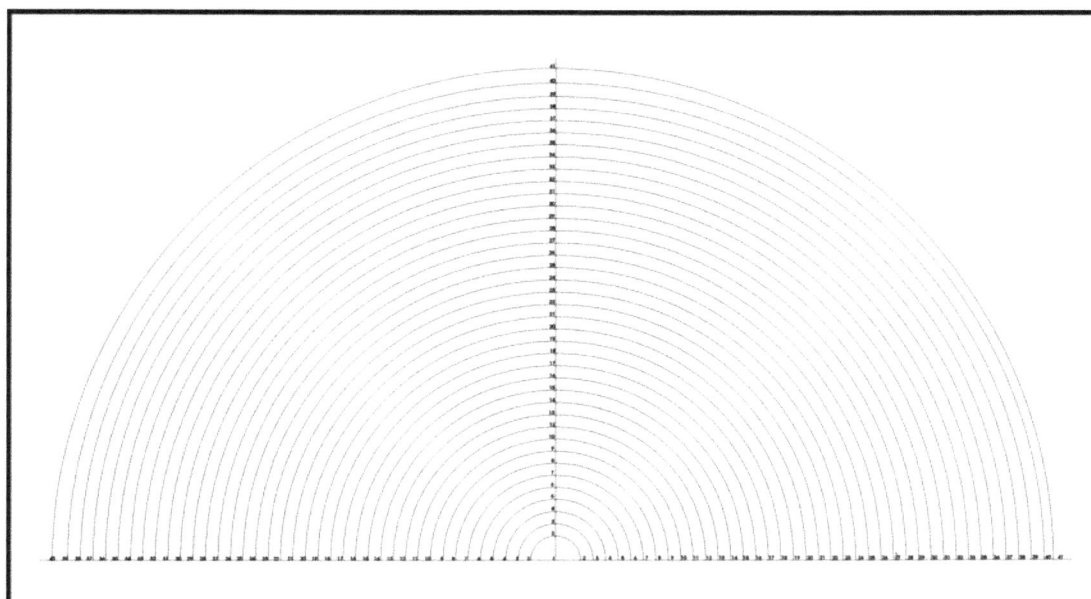

Figura 5.2. Escala de semicírculos concéntricos

Por último, se evaluaron las similitudes y diferencias que presentaron los conjuntos, así como el modo en que estas pueden dar cuenta de aspectos funcionales de cada una de las ocupaciones. En este sentido, se prestó especial atención a aspectos tales como las condiciones de emplazamiento y las características estructurales de cada uno de los sitios estudiados. Asimismo, los resultados obtenidos a partir de nuestro trabajo fueron integrados con otros análisis que se están llevando a cabo sobre los conjuntos líticos y arqueofaunísticos. De esta manera se pudo definir el perfil contextual de los sitios en estudio y lograr una mejor aproximación a la comprensión del significado conductual de la variabilidad intersitio registrada en el área de estudio.

CAPÍTULO 6
MATERIAL CERÁMICO DE ARROYO TALA CAÑADA 1

El material del sitio Arroyo Tala Cañada 1 está constituido por 6534 fragmentos cerámicos, reunidos mediante recolecciones superficiales y excavaciones estratigráficas. Estos trabajos fueron efectuados durante los meses de septiembre, octubre y diciembre del año 2003.

Debido a la abundancia del material recuperado y a los objetivos planteados en este estudio fue necesario realizar una selección del mismo. En primera instancia se optó por un muestreo de tipo dirigido, mediante la elección de la totalidad de los bordes y bases, así como los fragmentos de cuerpos que presentaban alguna técnica especial de decoración. Este material resultó de sustancial importancia al momento de realizar la reconstrucción de las vasijas. Posteriormente, se tomó de forma aleatoria el 15% de los cuerpos alisados. En consecuencia la muestra quedó constituida por 1042 unidades (188 bordes, 126 bases, 699 cuerpos, 8 fichas circulares, 2 torteros, 7 fragmentos de estatuillas y 7 de cucharas).

La manufactura de las vasijas se realizó básicamente mediante la técnica de enrollamiento (99%), aunque el tratamiento posterior de las superficies impidió determinar si se trató de la variedad anular o espiralado. Una mínima proporción (1%) se elaboró a través del moldeamiento en cestos, técnica que consistió en colocar arcilla aún fresca en el interior de una cesta, para luego moldear la pieza.

Todos los fragmentos se encuentran cocidos en atmósfera oxidante incompleta, presentando la pasta una coloración heterogénea de distintos matices, que varían entre negro (5Y 2/2), gris (10YR 5/1), marrón grisáceo oscuro (10YR 4/2), marrón (10YR 5/3) y amarillo rojizo (5YR 6/8), ya sea en el núcleo o en las márgenes del mismo.

Los bordes son directos (72.3%), evertidos (19.7%) o invertidos (8%), con labios rectos (51%) o convexos (49%). El 95.2% se halla alisado y el 4.8% pulido. El espesor de las paredes varía entre un mínimo de 4 mm y un máximo de 8 mm. Entre los decorados (7.4%) se encuentran los incisos (40%) y los pintados de color rojo oscuro (53.3%) o negro (6.7%). Además, el 5.3% evidencia vestigios de hollín, el 0.5% residuos de sustancias orgánicas adheridas en la cara interior y el 1.1% signos de reactivación en el labio (tabla 6.1).

Las bases se encuentran sumamente fragmentadas, sin embargo se pudieron analizar 10 de ellas. Morfológicamente pertenecen a los tipos biplanas (60%), planoconvexas (20%), meniscoconvexas (10%) y concaviplanas (10%) (Primera Convención Nacional de Antropología 1964). El 92.1% tiene las superficies alisadas, el 2.4% pulidas y el 5.6% presenta impresiones de cestas en la cara exterior. El grosor de las paredes varía entre un mínimo de 3 mm y un máximo de 20 mm. Mientras que en el ancho y el largo las medidas mínimas y máximas varían entre 13 mm y 54 mm, y 23 mm y 80 mm, respectivamente (tabla 6.2).

El 95.2% de los tiestos correspondientes a los cuerpos de las vasijas se presentan alisados, el 4.7% pulidos y el 0.1% con impresiones de cestas. Dentro de los decorados (8.1%) predominan los incisos (41%) y los pintados de color rojo oscuro (50%), negro (3.6%), amarillo rojizo (3.6%) o rojo oscuro y blanco (1.8%). Los fragmentos con vestigios de hollín ascienden al 17% y los rodados al 18.5% (tabla 6.3).

Por último, se identificaron ocho fragmentos de fichas circulares (todas alisadas, a excepción de una que se encuentra pulida y con una capa de pintura en la superficie externa), dos torteros, (uno alisado e inciso en la superficie exterior y el otro alisado en ambos lados), siete fragmentos de cucharas y siete estatuillas incompletas (tres incisas y una pintada).

6.1 Aspectos morfológicos

A partir del análisis de los bordes diagnósticos se pudieron reconstruir 48 vasijas, correspondientes a 3 formas generales, que se dividen en 14 tipos. Sin embargo, cada uno de los integrantes de estos grandes conjuntos distan de ser homogéneos, presentando variaciones con respecto a sus atributos (i.e. tipo de borde, labio y base, acabado de superficie, espesor de pared, diámetro de la boca, técnicas especiales de decoración y huellas de uso). Estas diferencias lejos de inhabilitar la clasificación realizada, señalan las singularidades inherentes a cada ejemplar y se encuentran estrechamente vinculadas con aspectos funcionales, los cuales serán abordados extensamente en páginas posteriores. Seguidamente, se detallan las formas y los tipos identificados, como así también las particularidades de los recipientes que las componen (gráfico 6.1):

Forma A: Recipientes restringidos independientes de contornos inflexionados (ollas esféricas de cuello largo, ollas esféricas de cuello corto, cántaros ovaloides erectos con cuello).

Tipo A.1: Ocho ollas esféricas de cuello largo. La totalidad de los ejemplares se encuentran alisados en ambas superficies.
A.1.1: El borde y el labio son rectos. El espesor de pared y el diámetro de la boca son de 5 mm y 140 mm, respectivamente.
A.1.2: Tiene borde y labio recto. El grosor de pared es de 4 mm y el diámetro del orificio asciende a 150 mm.
A.1.3: Presenta borde y labio recto. La pared tiene un

Submodos tecnológicos	Tipos de bordes			
	Directos	Evertidos	Invertidos	Total
Alisado en ambas superficies	65.9%	16.6%	7.4%	89.9%
Alisado/Pintado rojo oscuro ext.	1.6%	1.1%	-	2.7%
Alisado/Pintado negro ext.	-	-	-	-
Alisado/ Inciso ext.	1.6%	0.5%	-	2.1%
Alisado/ Inciso en ambas superficies	-	-	-	-
Alisado/ Pintado rojo oscuro/ Inciso ext.	-	0.5%	-	0.5%
Pulido ext.	1.1%	0.5%	-	1.6%
Pulido en ambas superficies	-	-	0.5%	0.5%
Pulido/ Pintado rojo oscuro ext.	1.1%	0.5%	-	1.6%
Pulido/ Pintado amarillo rojizo ext.	-	-	-	-
Pulido/ Pintado negro ext.	0.5%	-	-	0.5%
Pulido/ Pintado rojo oscuro y blanco/ Inciso ext.	-	-	-	-
Pulido/ Inciso ext.	0.5%	-	-	0.5%
Moldeado en cestos	-	-	-	-
Total	72.3%	19.7%	8%	100%

Tabla 6.1. Relación entre submodos tecnológicos y tipos de bordes

espesor de 6 mm y el diámetro de la boca es de 160 mm.

A.1.4: El borde es evertido y el labio convexo. La pared presenta un grosor de 5 mm, y el orificio un diámetro de 160 mm.

A.1.5: Tiene borde y labio recto. El espesor de pared es de 7 mm y el diámetro de la boca alcanza los 170 mm. En la superficie exterior se observan restos de hollín.

A.1.6: Presenta borde recto y labio convexo. El grosor de pared es de 7 mm, mientras que el diámetro del orificio es de 200mm.

A.1.7: El borde es evertido y el labio recto. La pared tiene un espesor de 5 mm, y el diámetro de la boca es de 210 mm. Presenta tizne de hollín en la cara externa.

A.1.8: Tiene borde y labio recto. El grosor de pared es de 8 mm y el diámetro del orificio alcanza los 210 mm.

Tipo A.2: Cinco ollas esféricas de cuello corto. En todos los casos las superficies se encuentran alisadas.

A.2.1: El borde y el labio son rectos. La pared tiene un espesor de 4 mm y diámetro de la boca es de 130 mm.

A.2.2: Tiene borde ligeramente evertido y labio recto. El grosor de pared y diámetro del orificio ascienden a 7 mm y 150 mm, respectivamente.

A.2.3: Presenta borde recto y labio convexo. La pared tiene un espesor de 5 mm y el diámetro de la boca es de 150 mm. La superficie externa presenta vestigios de hollín.

A.2.4: El borde y el labio son rectos. El grosor de pared y el diámetro de la boca son de 7 mm y 170 mm, correspondientemente.

A.2.5: Tiene borde y labio recto. Las paredes tienen un grosor de 5 mm y el diámetro del orificio no supera los 200 mm. Se registró una banda de pastillaje en la línea de fractura.

Tipo A.3: Dos ollas esféricas. En ambas las superficies se encuentran alisadas.

A.3.1: El borde es ligeramente evertido y el labio convexo. La pared tiene un grosor de 6 mm y el diámetro de la boca alcanza los 90 mm. La superficie externa presenta una capa de pintura de color rojo oscuro (10R 3/6).

A.3.2: Tiene borde recto y labio convexo. El espesor de pared es de 7mm y el diámetro de la boca no supera los 100 mm.

Tipo A.5: Siete cántaros ovaloides erectos con cuello. Salvo un recipiente que tiene como acabado el pulimiento de su superficie externa, los restantes se encuentran íntegramente alisados.

A.5.1: El borde y el labio son rectos. El espesor de pared es de 8 mm y el diámetro del orificio no supera los 70 mm.

A.5.2: Presenta borde y labio recto. El grosor de pared y el diámetro de la boca son de 4 mm y 70 mm, respectivamente. La superficie interna se encuentra alisada y la externa pulida.

A.5.3: Tiene borde recto y labio convexo. El espesor de pared es de 4 mm, mientras que el diámetro de la boca es de 70mm.

A.5.4: El borde es recto y el labio convexo. La pared alcanza un grosor de 5 mm y el diámetro de la boca es de 90 mm.

A.5.5: Presenta borde recto y labio convexo. El espesor de pared es de 5 mm y el diámetro del orificio asciende a 110 mm.

A.5.6: Tiene borde recto y labio convexo. El grosor de pared y el diámetro de boca son de 5 mm y 120 mm, sucesivamente. Se identificaron restos de sustancias orgánicas adheridas en la superficie interior.

A.5.7: El borde y el labio son rectos. El espesor de la pared es de 5 mm y el diámetro de la boca alcanza los 100 mm.

Forma B: Vasijas restringidas simples y dependientes de contornos simples (ollas esféricas, cántaros elipsoidales con eje longitudinal vertical, pucos ovaloides invertidos).

Tipo B.1: Dos ollas esféricas. Ambas tienen las superficies alisadas.

B.1.1: El borde es invertido y el labio recto. El espesor de pared es de 5 mm y el diámetro de la boca asciende a 150 mm.

B.1.2: Presenta borde invertido y labio recto. La pared tiene un grosor de 5 mm y el diámetro de la boca es de 150 mm.

Tipo B.2: Una olla esférica.

B.2.1: Presenta borde invertido y labio convexo La pared tiene un grosor de 5 mm y el diámetro de la boca es de 80 mm. Ambas superficies se encuentran alisadas.

Tipo B.3: Siete cántaros elipsoidales con eje longitudinal vertical. La mayoría de los ejemplares tienen las superficies alisadas, a excepción de uno que se encuentra pulido.

B.3.1: Presenta borde recto y labio convexo. El grosor de pared es de 5 mm y el diámetro de la boca alcanza los 170 mm.

B.3.2: Tiene borde y labio recto. El espesor de pared es de 6 mm y el diámetro del orificio no supera los 170 mm.

B.3.3: El borde y el labio son rectos. La pared tiene un grosor de 7 mm y el diámetro de la boca es de 180 mm.

B.3.4: Tiene borde ligeramente invertido y labio recto. El espesor de pared es de 6 mm y el diámetro de la boca asciende a 200 mm. Ambas superficies se encuentran pulidas.

B.3.5: Presenta borde recto y labio convexo. El grosor de pared es de 7mm y el diámetro del orificio alcanza los 200 mm.

B.3.6: Tiene borde recto y labio convexo. La pared tiene un espesor de 5mm, mientras que el diámetro de la boca es de 200 mm. Se registraron vestigios de hollín en la superficie exterior.

B.3.7: Presenta borde y labio recto. El grosor de pared y el diámetro de boca son de 6 mm y 250 mm, respectivamente.

Tipo B.4: Dos pucos ovaloides invertidos. Ambos tienen las superficies alisadas.

B.4.1: Tiene borde invertido y labio convexo. El grosor de pared alcanza los 4 mm y el diámetro de la boca no sobrepasa los 110 mm.

B.4.2: Presenta borde invertido y labio convexo. La pared tiene un espesor de 7 mm y el diámetro de la boca es de 130 mm.

Forma C: Recipientes no restringidos de contornos simples (pucos hemisféricos, puco cónico, platos

Sub-modos tecnoló-gicos	Tipos de bases					
	Biplanas	Planoconvexas	Meniscoconvexas	Concaviplanas	Inclasifi-cables	**Total**
Alisado en ambas superficies	4%	0.8%	-	0.8%	86.5%	92%
Alisado/Pintado rojo oscuro ext.	-	-	-	-	-	-
Alisado/Pintado negro ext.	-	-	-	-	-	-
Alisado/ Inciso ext.	-	-	-	-	-	-
Alisado/ Inciso en ambas superficies	-	-	-	-	-	-
Alisado/ Pintado rojo oscuro/ Inciso ext.	-	-	-	-	-	-
Pulido exterior	0.8%	0.8%	-	-	0.8%	2.4%
Pulido en ambas superficies	-	-	-	-	-	-
Pulido/ Pintado rojo oscuro ext.	-	-	-	-	-	-
Pulido/ Pintado amarillo rojizo ext.	-	-	-	-	-	-
Pulido/ Pintado negro ext.	-	-	-	-	-	-
Pulido/ Pintado rojo oscuro y blanco/ Inciso ext.	-	-	-	-	-	-
Pulido/ Inciso ext.	-	-	-	-	-	-
Moldeado en cestos	-	-	0.8%	-	4.8%	5.6%
Total	4.8%	1.6%	0.8%	0.8%	92%	100%

Tabla 6.2. Relación entre submodos tecnológicos y tipos de bases

Submodos tecnológicos	Cuerpos
Alisado en ambas superficies	89%
Alisado/ Pintado rojo oscuro ext.	2.9%
Alisado/ Pintado negro ext.	0.1%
Alisado/ Inciso ext.	2.9%
Alisado/ Inciso en ambas superficies	0.3%
Alisado/ Pintado rojo oscuro/ Inciso ext.	0.1%
Pulido ext.	2.9%
Pulido en ambas superficies	0.1%
Pulido/ Pintado rojo oscuro ext.	1.1%
Pulido/ Pintado amarillo rojizo ext.	0.3%
Pulido/ Pintado negro ext.	0.1%
Pulido/ Pintado rojo oscuro y blanco/ Inciso ext.	0.1%
Pulido/ Inciso ext.	-
Moldeado en cestos	0.1%
Total	100%

Tabla 6.3. Relación entre submodos tecnológicos y cuerpos

elipsoidales con eje longitudinal horizontal, plato cónico, vasos cónicos, vaso cilíndrico).

Tipo C.1: Cinco pucos hemisféricos. Todos los ejemplares presentan las superficies alisadas.
C.1.1: Tiene borde recto y labio convexo. El espesor de pared asciende a 6 mm y el diámetro de la boca es de 150 mm.

C.1.2: El borde es recto y el labio convexo. El grosor de pared es de 5 mm y el diámetro del orificio no supera los 230 mm. La superficie externa presenta vestigios de hollín.
C.1.3: Presenta borde y labio recto. La pared tiene un espesor de 4 mm, mientras que el diámetro de la boca es de 250 mm.
C.1.4: Tiene borde y labio recto. El grosor de pared de es 4 mm y el diámetro de la boca asciende a 270 mm. La cara externa presenta tizne hollín.
C.1.5: El borde es recto y el labio convexo. El espesor de pared y el diámetro de la boca son de 6 mm y 300 mm, respectivamente.

Tipo C.2: Un puco cónico.
C.2.1: Presenta borde evertido y labio convexo. El espesor de pared y el diámetro del orificio son de 7 mm y 230 mm, respectivamente. Las superficies se encuentran alisadas.

Tipo C.3: Tres platos elipsoidales con eje longitudinal horizontal. La mayoría de los ejemplares presentan las superficies alisadas, excepto uno que se encuentra pulido en el exterior.
C.3.1: El borde es recto y el labio convexo. El grosor de pared es de 5 mm y el diámetro del orificio asciende a 200 mm. Presenta en la superficie externa restos de hollín.
C.3.2: Tiene borde recto y labio convexo. La pared tiene un espesor de 6 mm y el diámetro del orificio es de 220 mm.
C.3.3: Presenta borde evertido y labio recto. La pared tiene un grosor de 7 mm y el diámetro del orificio es de 200 mm. Las superficies se encuentran alisadas en su interior y pulidas en el exterior.

Tipo C.4: Un plato cónico.
C.4.1: El borde es evertido y el labio recto. La pared tiene un espesor de 6 mm y la boca un diámetro de 90 mm. La superficie externa se encuentra pulida y la interna alisada. Presenta como decoración una capa de pintura color rojo oscuro (10R 3/6) en la superficie exterior.

Tipo C.5: Tres vasos cónicos. En todos los casos las superficies se encuentran alisadas.
C.5.1: Presenta borde evertido y labio convexo. El espesor de pared es de 5 mm y el diámetro de la boca no sobrepasa los 110 mm.
C.5.2: Tiene borde evertido y labio recto. El grosor de la pared es de 6 mm y el diámetro del orificio asciende al 100 mm.
C.5.3: El borde es evertido y el labio convexo. La pared tiene un espesor 4 mm y el diámetro de la boca es de 100 mm.

Formas y Tipos de vasijas. Arroyo Tala Cañada 1

Forma A: Vasija restringida independiente de controno inflexionado

A.1.1
A.1.2
A.1.3
A.1.4
A.1.5
A.1.6
A.1.7
A.1.8

Tipo A.1: Olla esférica de cuello largo

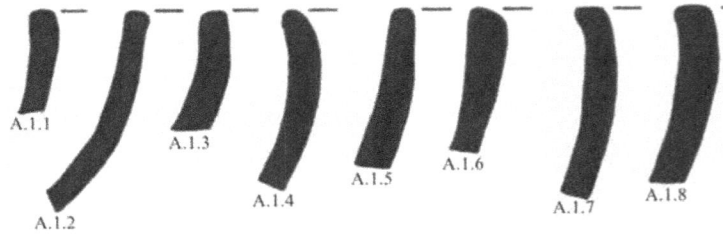

A.2.1
A.2.2
A.2.3
A.2.4
A.2.5

Tipo A.2: Olla esférica de cuello corto

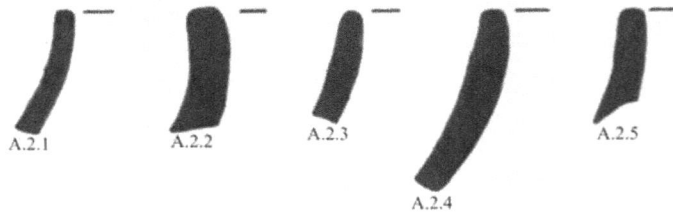

A.3.1
A.3.2

Tipo A.3: Olla esférica

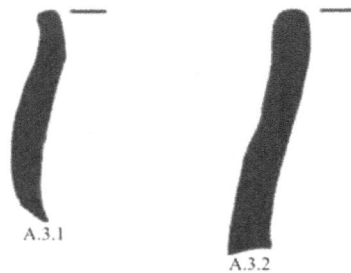

Gráfico 6.1

Tipo C.6: Un vaso cilíndrico.
C.6.1: Tiene borde y labio recto. El espesor de pared es de 7 mm y el diámetro del orificio de 50 mm. Las superficies se encuentran alisadas y como decoración presentan en la cara externa una capa de pintura de color rojo oscuro (10R

3/6), sobre la cual se identificaron motivos incisos de carácter geométrico.

6.2 Modos tecnológicos

Formas y Tipos de vasijas. Arroyo Tala Cañada 1
(Continuación)

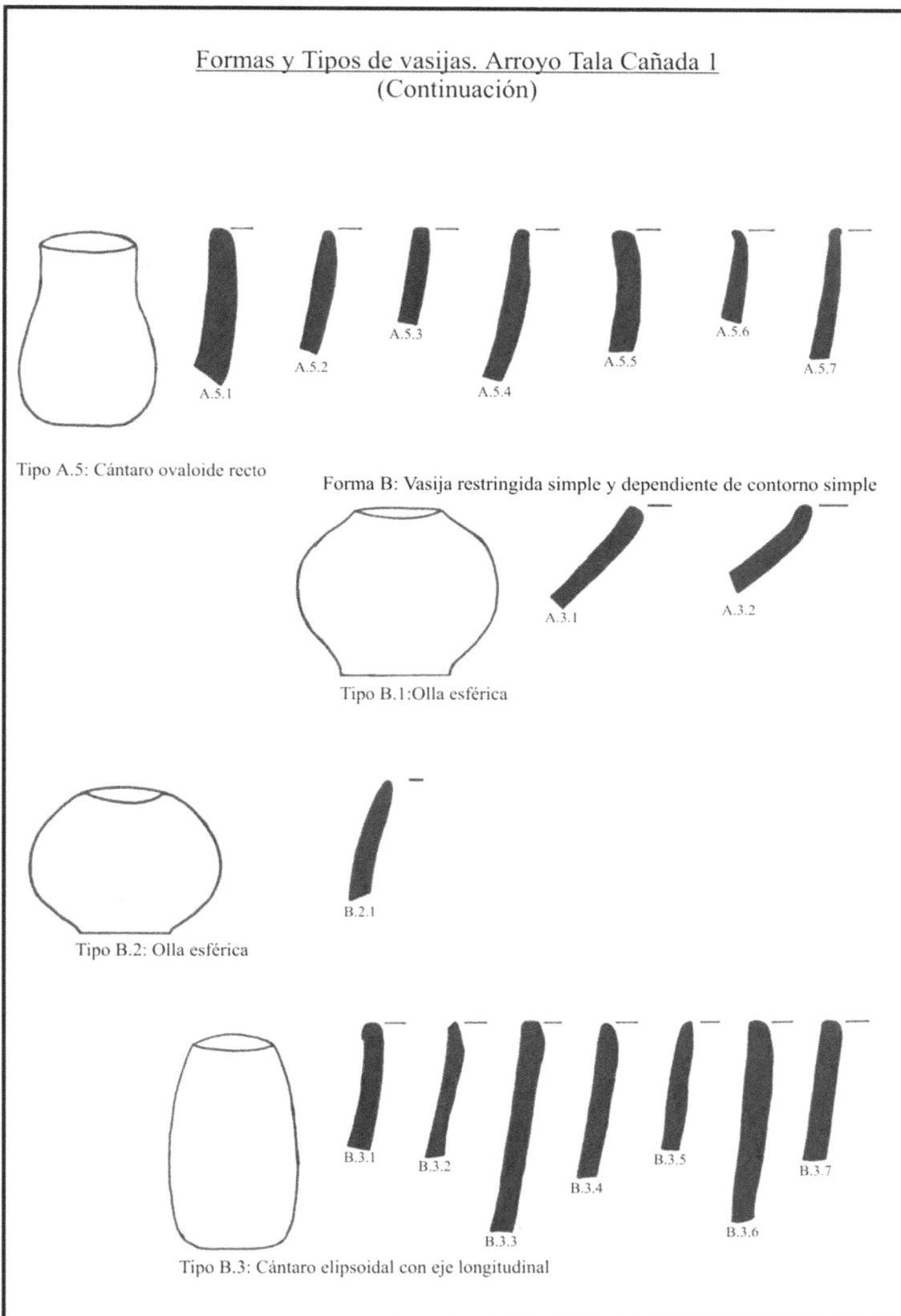

Tipo A.5: Cántaro ovaloide recto

Forma B: Vasija restringida simple y dependiente de contorno simple

Tipo B.1:Olla esférica

Tipo B.2: Olla esférica

Tipo B.3: Cántaro elipsoidal con eje longitudinal

Gráfico 6.1 (Continuación)

El material hasta aquí descripto, se encuentra representado en tres grandes modos tecnológicos, los cuales fueron definidos atendiendo a los atributos ya explicados en el capítulo 5. Sin embargo, producto de las numerosas y particulares combinaciones generadas a partir de dichos atributos, fue necesario afinar el criterio clasificatorio, generando subdivisiones dentro de los mismos (gráfico 6.2):

1) Alisado

Este modo tecnológico está compuesto por 983 fragmentos.

33

Formas y Tipos de vasijas de Arroyo Tala Cañada 1
(Continuación)

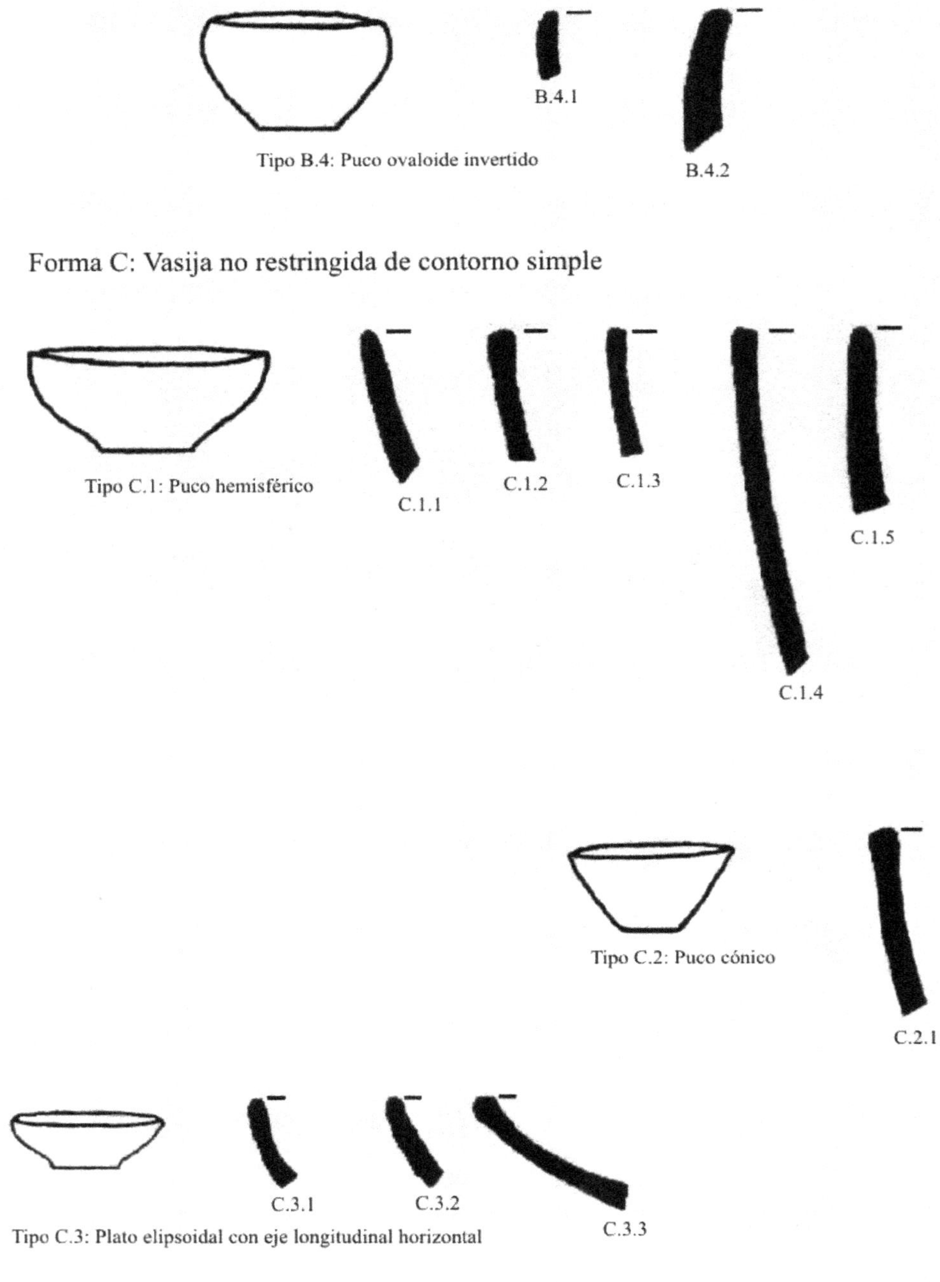

B.4.1

B.4.2

Tipo B.4: Puco ovaloide invertido

Forma C: Vasija no restringida de contorno simple

Tipo C.1: Puco hemisférico

C.1.1

C.1.2

C.1.3

C.1.5

C.1.4

Tipo C.2: Puco cónico

C.2.1

C.3.1

C.3.2

C.3.3

Tipo C.3: Plato elipsoidal con eje longitudinal horizontal

Gráfico 6.1 (Continuación)

La pasta se presenta porosa o laminar y con fractura irregular. La coloración del núcleo y las periferias del mismo varía entre negro (5Y 2/2), gris (10YR 5/1), marrón grisáceo oscuro (10YR 4/2), marrón (10YR 5/3) y amarillo rojizo (5YR 6/8). El antiplástico es de tamaño pequeño (hasta 1 mm) o grande (más de 2 mm) y está compuesto por mica plateada y dorada, cuarzo y feldespato. Su distribución es irregular y su densidad baja o media. Las cavidades son de forma diversa (alargada, circular y amorfa), de tamaño pequeño (hasta 1 mm) y se observan en mediana densidad. Las superficies se encuentran alisadas y su color es marrón grisáceo oscuro (10YR 4/2), marrón (10YR 5/3) o amarillo

Formas y Tipos de vasijas. Arroyo Tala Cañada 1
(Continuación)

Tipo C.4: Plato cónico

C.4.1

Tipo C.5: Vaso cónico

C.5.1

C.5.2

C.5.3

Tipo C.6.: Vaso cilíndrico

C.6.1

Gráfico 6.1 (Continuación)

rojizo (5YR 6/8). Las paredes tienen un grosor que varía entre 3.5 mm y 8 mm y la dureza oscila entre 3 y 3.5, de acuerdo a la escala de Mohs. Como técnicas especiales de decoración pueden presentar incisiones con motivos de carácter geométrico o una capa de pintura de color rojo oscuro o negro.

1.1) Alisado en ambas superficies

Pertenecen a este submodo tecnológico 924 fragmentos (169 bordes, 116 bases, 622 cuerpos, 6 fichas incompletas, 1 tortero, 7 fragmentos de cucharas y 3 de estatuillas). El antiplástico está constituido por mica plateada y dorada, cuarzo y feldespato. Es de tamaño grande (más de 2mm) y se presenta en mediana densidad. Las paredes tienen un espesor que varía entre 3.5 mm y 7 mm y la dureza es de 3. El color de las superficies es marrón grisáceo oscuro (10YR 4/2), marrón (10YR 5/3) o amarillo rojizo (5YR 6/8). Se pudieron identificar restos de hollín en 129 tiestos, mientras que dos bordes tienen sus labios reactivados y dos cuerpos muestran signos de rehuso. Dentro de este conjunto se encuentran los tipos A.1, A.2, B.1, B.2, B.4, C.1, C.2 y C.5, como así también las vasijas A.3.2, A.5.1, A.5.3, A.5.4, A.5.5, A.5.6, A.5.7, B.3.1, B.3.2, B.3.3, B.3.5, B.3.6, B.3.7, C.3.1 y C.3.2.

1.2) Alisado/Pintado rojo oscuro exterior

El antiplástico es de tamaño pequeño (hasta 1 mm) y se presenta en mediana densidad. Está compuesto por mica plateada y dorada, cuarzo y feldespato. Las paredes tienen un grosor que varía entre 4 mm y 6 mm y la dureza asciende a 3. El color de las superficies es marrón (10YR 5/3) y presentan como decoración una cobertura de pintura de color rojo oscuro (10R 3/6) en la cara exterior. Dentro de este submodo se incluyen 25 fragmentos (4 bordes, 20 cuerpos y 1 estatuilla incompleta) y la vasija A.3.1.

1.3) Alisado/Pintado negro exterior

Este submodo está constituido por un cuerpo, cuya pasta

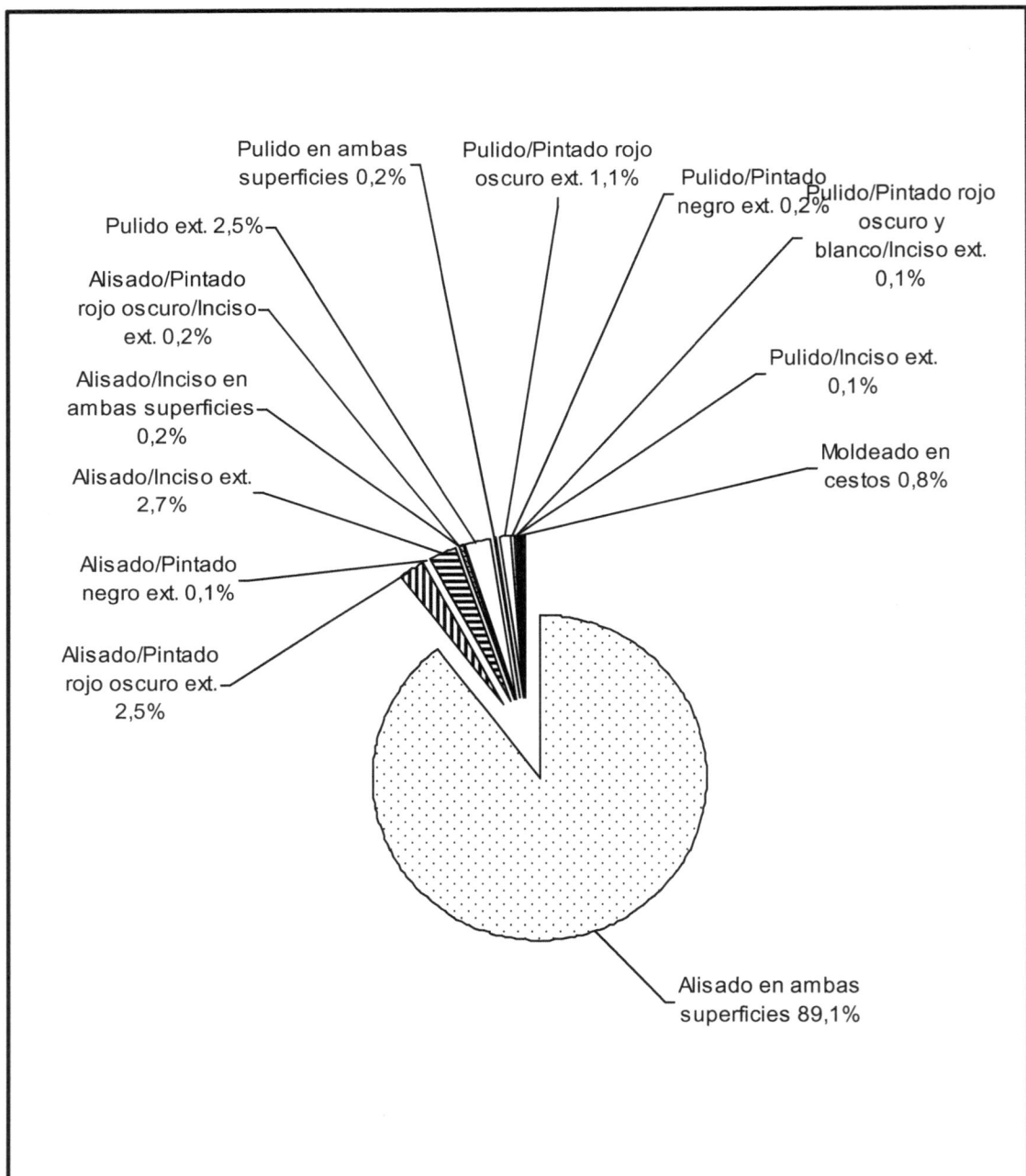

Gráfico 6.2. Porcentaje de los submodos tecnológicos

es de textura laminar. El antiplástico está conformado por mica plateada y dorada, cuarzo y feldespato. Es de tamaño pequeño (hasta 1 mm) y se encuentra en baja densidad. La pared tiene un espesor que no supera los 7 mm y la dureza es de 3.5. Las superficies son de color marrón grisáceo oscuro (10YR 4/2) y presentan en su cara externa una capa de pintura de color negro (5Y 2/2).

1.4) Alisado/Inciso exterior

El antiplástico se compone de mica plateada y dorada, cuarzo y feldespato. Es de tamaño pequeño (hasta 1 mm) y se encuentra en mediana densidad. El color de las superficies es marrón grisáceo oscuro (10YR 4/2), marrón (10YR 5/3) o amarillo rojizo (5YR 6/8). El grosor de las paredes varía entre 4 mm y 8 mm y la dureza es de 3. Este submodo comprende 28 fragmentos (1 tortero, 3 estatuillas, 4 bordes y 20 cuerpos), que presentan como decoración incisiones en la superficie exterior. Los motivos están constituidos por líneas y puntos, formando diseños que resultan de su ejecución aislada o combinada. Los diseños lineales se componen de líneas simples, dobles, triples, quíntuples y se combinan creando zig-zag, triángulos y líneas quebradas. Estas últimas probablemente fueron cuadrados, rectángulos o escalonados, pero los tiestos son muy pequeños como para poder precisarlo. La técnica del punteado no conforma figuras sino que fue empleada principalmente como relleno de motivos lineales. Podemos diferenciar dos ejemplares en los cuales el punteado es la única técnica empleada. Sin embargo, dado su reducido tamaño, no se logró establecer el diseño. Los motivos ejecutados sobre el tortero y las estatuillas presentan rasgos similares a los descriptos, caracterizados por líneas simples y líneas dispuestas en zig-zag (foto 6.1).

1.5) Alisado/ Inciso en ambas superficies

El antiplástico está conformado por mica plateada y dorada, cuarzo y feldespato. Su tamaño es pequeño y se encuentra en mediana densidad. Las paredes tienen un espesor que varía entre 3.5 mm y 4 mm y el grado de dureza es de 3. El color de las superficies es marrón. La muestra comprende 2 cuerpos que presentan en ambas caras motivos incisos compuestos por líneas simples, dobles y quebradas (foto 6.1).

1.6) Alisado/Pintado rojo oscuro/Inciso exterior

Integran este submodo un cuerpo y la vasija tipo C.6. El antiplástico se compone de mica plateada y dorada, cuarzo y feldespato. Su tamaño es pequeño (hasta 1 mm) y se encuentra en mediana densidad. El espesor de las paredes alterna entre 4 mm y 6 mm y la dureza es de 3. Las superficies son de color marrón (10YR 5/3) o amarillo rojizo (5YR 6/8). Como decoración presentan una capa de pintura de color rojo oscuro (10R 3/6) asociada a motivos incisos conformados por puntos y líneas simples o dobles. Solo en un caso se pudo identificar el diseño, se trata de dos líneas quebradas que probablemente formaron un cuadrado o un rectángulo, sin embargo es imposible determinarlo debido al estado de fragmentación en que se encuentra el tiesto (foto 6.2).

2) Pulido

Se incluyen dentro de este modo tecnológico 46 fragmentos. La pasta se presenta porosa o laminar y con fractura irregular. La coloración del núcleo y los márgenes del mismo varía entre gris (10YR 5/1), marrón grisáceo oscuro (10YR 4/2), marrón (10YR 5/3) y amarillo rojizo (5YR 6/8). El antiplástico, de tamaño pequeño (hasta 1 mm), mediano (entre 1 y 2 mm) o grande (más de 2 mm), se compone de mica plateada y dorada, cuarzo y feldespato. Su distribución es irregular y su densidad baja o media. Las cavidades son de tamaño pequeño (hasta 1 mm), densidad media o baja y de forma diversa (alargada, circular y amorfa). Las superficies se encuentran pulidas en una o ambas caras y su color es negro (5Y 2/2), marrón grisáceo oscuro (10YR 4/2), marrón (10YR 5/3) o amarillo rojizo (5YR 6/8). Las paredes tienen un grosor que varía entre 3.5 mm y 7 mm y el grado de dureza es de 3, 3.5 y 4.5. Unos pocos fragmentos muestran como técnicas especiales de decoración motivos incisos y pintura de color rojo oscuro (10R 3/6), amarillo rojizo (5YR 6/8) o negro (5Y 2/2).

2.1) Pulido exterior

La pasta se presenta porosa y el antiplástico es de tamaño grande (más de 2 mm.). Este último, se compone de mica plateada y dorada, cuarzo y feldespato. Su distribución es irregular y su densidad media. La densidad de las cavidades es mediana. El espesor de las paredes varía entre 4 mm y 7 mm y la dureza es de 3.5. Las superficies son de color negro (5Y 2/2), marrón grisáceo oscuro (10YR 4/2) o marrón (10YR 5/3), están alisadas en la cara interior y pulidas en la exterior. Dentro de este submodo se incluyen 24 fragmentos (1 borde, 3 bases, 20 cuerpos) y las vasijas A.5.2 y C.3.3.

2.2) Pulido en ambas superficies

Integran este submodo tecnológico un cuerpo y la vasija B.3.4. En ambos casos la pasta se caracteriza por tener una textura laminar. El antiplástico, de tamaño mediano (entre 1 y 2 mm), está constituido por mica plateada y dorada, cuarzo y feldespato. Su densidad es baja y su distribución irregular. Las cavidades se observan en baja densidad. Las paredes tienen un espesor que varía entre 3.5 mm y 6 mm y la dureza es de 4.5. Las superficies se presentan pulidas y son de color marrón (10YR 5/3).

2.3) Pulido/Pintado rojo oscuro exterior

Este subgrupo comprende la vasija C.4.1 y 11 tiestos (2 bordes, 1 ficha circular sin terminar y 8 cuerpos), los cuales presentan una pasta de textura porosa. El antiplástico es de tamaño grande (más de 2 mm) y está conformado por mica plateada y dorada, cuarzo y feldespato. Su distribución es irregular y su densidad media. Las cavidades se encuentran en mediana densidad. El espesor de las paredes

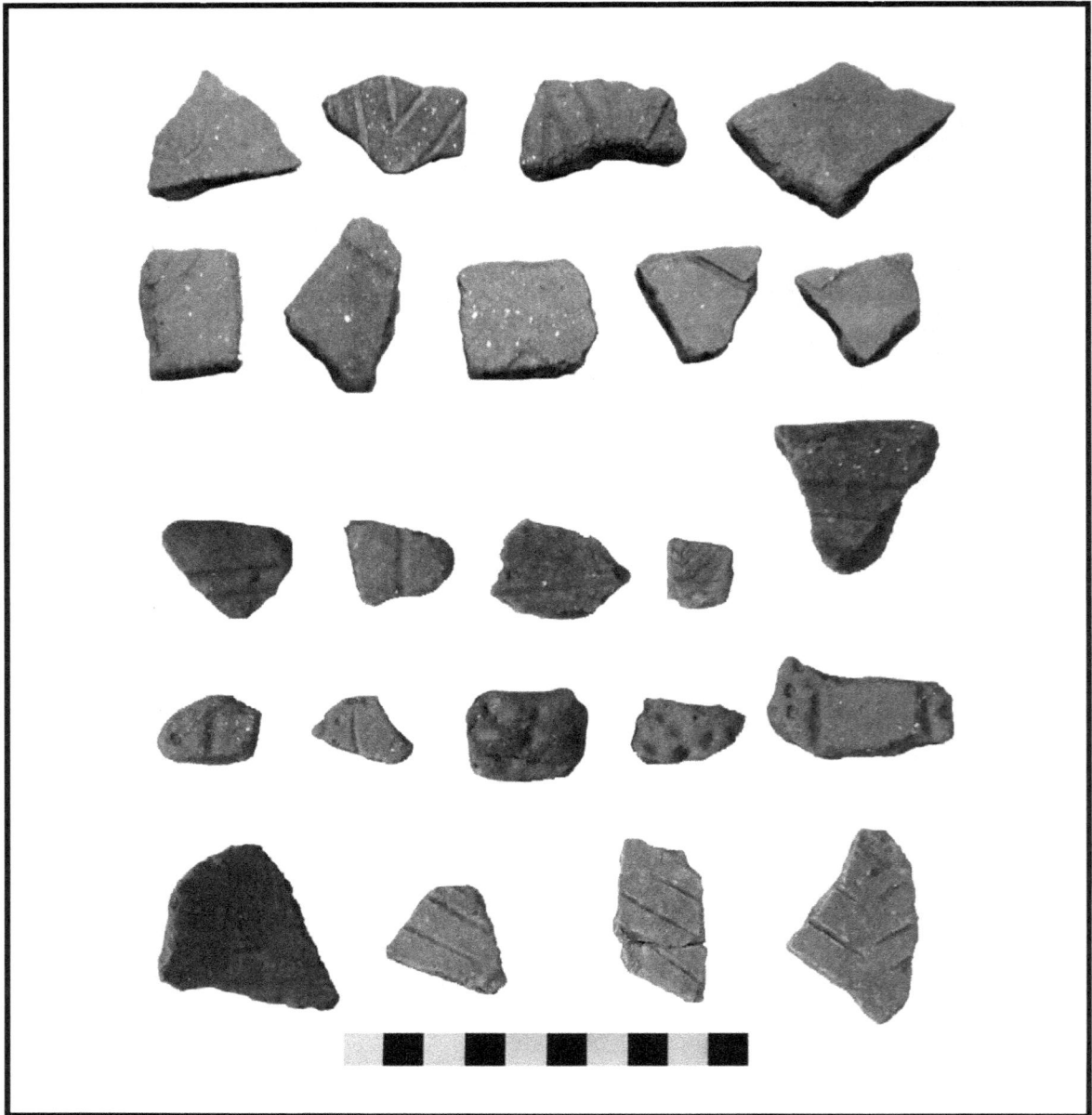

Foto 6.1

varía entre 6 mm y 7 mm, mientras que el grado de dureza alcanza a 3. Las superficies son de color marrón (10YR 5/3) y están alisadas en la cara interna y pulidas en la externa. Los fragmentos presentan como decoración una cobertura de pintura color rojo oscuro (10R 3/6) en la superficie exterior.

2.4) Pulido/Pintado amarillo rojizo exterior

Este submodo está compuesto por 2 cuerpos, los cuales presentan una pasta de textura laminar. El antiplástico está constituido por mica plateada y dorada, cuarzo y feldespato. Su tamaño es grande (más de 2 mm), su densidad baja y su distribución irregular. Las cavidades son observables en baja densidad. El grosor de las paredes es de 7 mm y la dureza es de 3. Las superficies, de color amarillo rojizo (5YR 6/8), se presentan alisadas en su interior y pulidas en el exterior. La decoración consiste en una capa de pintura de color amarillo rojizo (5YR 6/8) en la superficie externa.

2.5) Pulido/Pintado negro exterior

Pertenecen a este subgrupo un borde y un cuerpo. La pasta es de textura porosa y las cavidades se observan en mediana densidad. El antiplástico es de tamaño pequeño (hasta 1 mm) y esta constituido por mica plateada y dorada, cuarzo y feldespato. Su densidad es mediana y su distribución irregular. Las paredes tienen un espesor de 6 mm y la dureza es de 3. Las superficies, de color negro (5Y 2/2) o marrón grisáceo oscuro (10YR 4/2), fueron alisadas en su interior y pulidas en el exterior. Como técnica especial de decoración, recibieron una capa de pintura de color negro (5Y 2/2) en su cara exterior.

2.6) Pulido/Pintado rojo oscuro y blanco/Inciso exterior

Este submodo está representado por un cuerpo que presenta una pasta de textura laminar. El antiplástico es de tamaño

Foto 6.2

pequeño (hasta 1 mm) y está conformado por mica plateada y dorada, cuarzo y feldespato. Su distribución es irregular y su densidad baja. Las cavidades se encuentran en baja densidad. El espesor de pared es de 4 mm y el grado de dureza alcanza a 3.5. Las superficies, alisadas interiormente y pulidas exteriormente, son de color marrón grisáceo oscuro (10YR 4/2). La cara externa presenta decoración constituida por un motivo lineal inciso pintado blanco, combinado con bandas de color rojo oscuro (10R 5/1) -foto 6.2-.

2.7) Pulido/Inciso exterior

El antiplástico es de tamaño pequeño (hasta 1 mm) y está compuesto por mica plateada y dorada, cuarzo y feldespato. Su densidad es baja y su distribución irregular. La textura de la pasta es laminar y la densidad de las cavidades es baja. La pared tiene un grosor de 5 mm y la dureza es de 3.5. Las superficies son de color marrón (10YR 5/3) y tienen ambas caras pulidas. Este subgrupo está conformado por un borde que presenta en la superficie exterior un motivo inciso conformado por líneas quebradas, rellenas por puntos que delimitan su contorno interno (foto 6.2).

3) Moldeado en cestos

El número de fragmentos identificados dentro de este modo tecnológico es de 8 (7 bases y 1 cuerpo). En todos los casos la pasta se presenta porosa y con fractura irregular. El color en el núcleo y en las márgenes del mismo varía entre gris (10YR 5/1), marrón (10YR 5/3), marrón grisáceo oscuro (10YR 4/2) y amarillo rojizo (5YR 6/8). El antiplástico es de tamaño grande (más de 2 mm) y esta constituido por mica plateada y dorada, cuarzo y feldespato. Se presenta irregularmente y en mediana densidad. Las cavidades son de tamaño pequeño (hasta 1 mm), forma diversa (alargada, amorfa y circular) y se encuentran en densidad media. En cuanto al tratamiento de superficie, se puede observar que la cara interna de los fragmentos fue alisada, en cambio la externa evidencia impresiones de cestos. El marrón (10YR 5/3), marrón grisáceo oscuro (10YR 4/2) y amarillo rojizo (5YR 6/8) son los colores predominantes en la superficie de los tiestos, los cuales tienen un espesor de pared que varía entre 3.5 mm y 8 mm. El grado de dureza alcanza a 3.

Análisis del material con impresiones de cestos

Foto 6.3

39

La técnica de construcción de los cestos pudo determinarse mediante el análisis de las impresiones en la cerámica y de los moldes positivos obtenidos mediante el uso de plastilina. En todos los casos se observó que los cestos utilizados como moldes fueron realizados mediante la técnica coiled o aduja. Esta consiste en una o más varillas de diverso espesor dispuestas horizontalmente (elemento rígido), que se colocan sin interrupción desde la base hasta el borde de la pieza. La unión de la costura (elemento flexible) está representada por una cinta generalmente ancha y chata, que puede formar un tejido tanto cerrado como abierto, en franjas paralelas (Adovasio 1977; Pérez de Micou 1997; Serrano 1945).

El análisis permitió distinguir que los elementos flexibles siempre se encuentran orientados verticalmente y están conformados por una fibra plana, la cual tiene un grosor que varia entre 1 y 3.2 mm. El espaciado entre las unidades es generalmente cerrado, situación que impidió el estudio de las características de los elementos rígidos. Solo en dos fragmentos el espaciado entre las unidades se presenta abierto a espacios irregulares, pudiéndose observar que los elementos rígidos, se ubican horizontalmente y están compuestos por dos elementos funcionando como unidad. Las dimensiones de estos componentes varian entre 0.6 y 1.2 mm, mientras que el grosor de la unidad no supera en ninguno de los dos casos los 2.1 mm. En ambos el espaciado entre las unidades se presenta abierto y el tipo de fibra empleado es de sección circular (foto 6.3).

CAPÍTULO 7
MATERIAL CERÁMICO DE RÍO YUSPE 14

En esta sección se exponen los resultados de los análisis efectuados al material cerámico procedente del sitio Río Yuspe 14. La muestra en consideración comprende 156 fragmentos (23 bordes, 5 bases y 128 cuerpos) y fue recuperada mediante recolecciones superficiales y excavaciones estratigráficas.

Para la manufactura de los recipientes fueron empleadas las técnicas de enrollamiento (81%) y moldeamiento sobre cestos (19%). Más allá de esta diferencia, todos se encuentran cocidos en atmósfera oxidante incompleta.

Los bordes son evertidos (65%) y directos (35%), con labios convexos (80%) o rectos (20%). El 87% se encuentra alisado, el 4.3% pulido y el 8.7% con impresiones de cestas. El grosor de las paredes varía entre un mínimo de 5 mm y un máximo de 6 mm. Los fragmentos decorados mediante incisiones alcanzan el 60.9% (tabla 7.1).

Las 2 bases recuperadas pertenecen al tipo concaviplanas y evidencian impresiones de cestas en la superficie exterior. En la primera de ellas el grosor de pared varía entre un mínimo de 5 mm y un máximo de 14 mm. En lo que respecta al largo y al ancho sus mediadas son 45 mm y 21 mm, respectivamente. La segunda se encuentra sumamente fragmentada, sin embargo, mediante el trabajo de remontaje se pudo determinar que corresponde al fondo de la vasija C.3.1. En este caso el grosor de pared varía entre un mínimo de 3 mm y un máximo de 5 mm. El largo es de 65 mm y el ancho de 56 mm (tabla 7.2).

El 82% de los fragmentos correspondientes a los cuerpos de las vasijas se encuentra alisado, el 0.8% pulido y el 17.2% evidencia impresiones de cestas. Entre los decorados (5.5%), se incluyen los incisos (85.7%) y los pintados de color rojo oscuro (14.3%). Además, el 11.7% presenta tizne de hollín (tabla 7.3).

7.1 Aspectos morfológicos

A partir del trabajo de remontaje y del análisis de los bordes diagnósticos, se pudo reconstruir con cierta aproximación las siguientes formas y tipos (gráfico 7.1):

Forma A: Vasijas restringidas independientes de contornos inflexionados (olla esférica de cuello corto,

Submodos tecnológicos	Tipos de bordes		
	Directos	Evertidos	Total
Alisado en ambas superficies	21.8%	4.3%	26.1%
Alisado/ Inciso ext.	-	60.9%	60.9%
Pulido en ambas superficies	4.3%	-	4.3%
Pulido/ Pintado rojo oscuro ext.	-	-	-
Moldeado en cestos	8.7%	-	8.7%
Total	34.8%	65.2%	100%

Tabla 7.1. Relación entre submodos tecnológicos y tipos de bordes

Submodos tecnológicos	Tipos de bases		
	Concaviplanas	Inclasidicables	Total
Alisado en ambas superficies	-	-	-
Alisado/ Inciso ext.	-	-	-
Pulido en ambas superficies	-	-	-
Pulido/ Pintado rojo oscuro ext.	-	-	-
Moldeado en cestos	100%	-	100%
Total	100%	-	100%

Tabla 7.2. Relación entre submodos trecnológicos y tipos de bases

Submodos tecnológicos	Cuerpos
Alisado en ambas superficies	77.3%
Alisado/ Inciso ext.	4.7%
Pulido en ambas superficies	-
Pulido/ Pintado rojo oscuro ext.	0.8%
Moldeado en cestos	17.2%
Total	100%

Tabla 7.3. Relación entre submodos tecnológicos y cuerpos

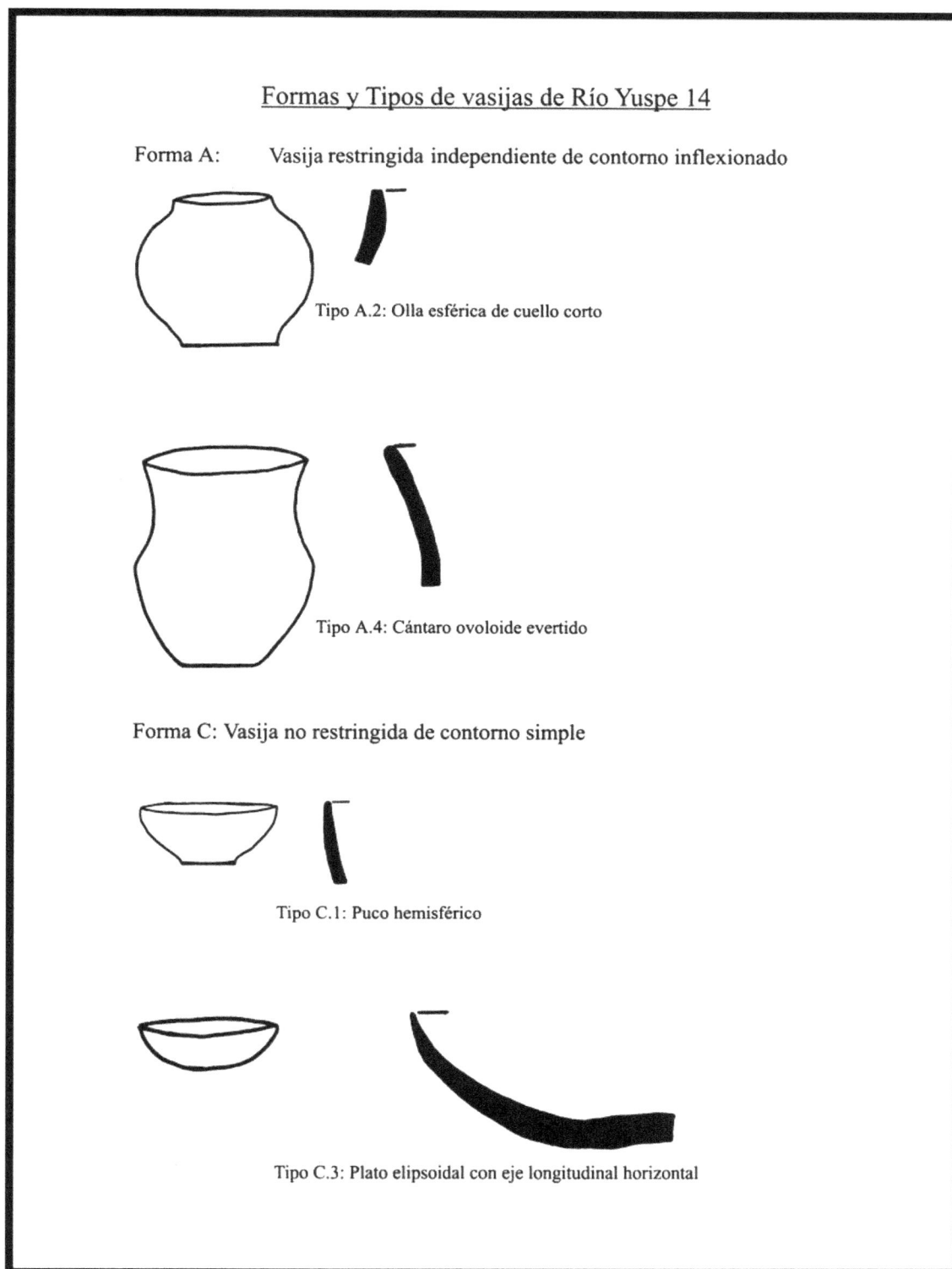

Formas y Tipos de vasijas de Río Yuspe 14

Forma A: Vasija restringida independiente de contorno inflexionado

Tipo A.2: Olla esférica de cuello corto

Tipo A.4: Cántaro ovoloide evertido

Forma C: Vasija no restringida de contorno simple

Tipo C.1: Puco hemisférico

Tipo C.3: Plato elipsoidal con eje longitudinal horizontal

Gráfico 7.1

cántaro ovaloide evertido).

Tipo A.2: Una olla esférica de cuello corto.
A.2.1: Presenta borde y labio recto. El grosor de pared y el diámetro de la boca son de 6 mm y 160 mm, respectivamente. Las superficies se encuentran alisadas.

Tipo A.4: Un cántaro ovaloide evertido.

A.4.1: El borde es evertido y el labio convexo. El espesor de la pared es de 4.5 mm y el diámetro de la boca alcanza los 180 mm. Las superficies se presentan alisadas, con decoración incisa en la cara exterior.

Forma C: Recipientes no restringidos simples y dependientes de contornos simples (puco hemisférico, plato elipsoidal con eje longitudinal horizontal).

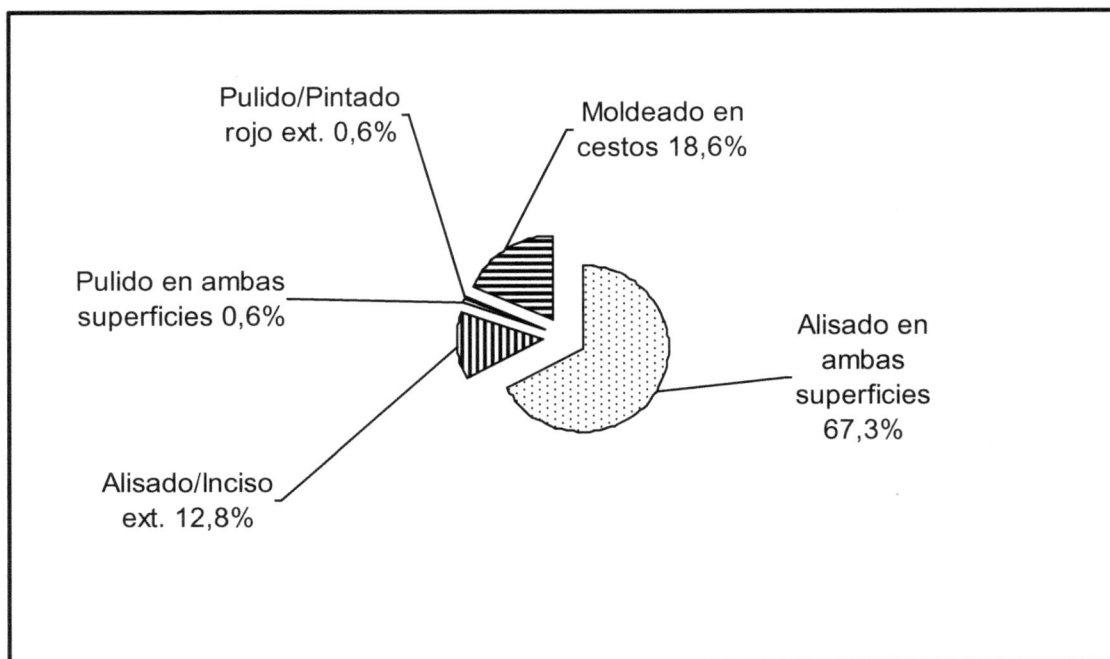

Gráfico 7.2. Porcentaje de submodos tecnológicos

Tipo C.1: Un puco hemisférico.
C.1.1: Tiene borde recto y labio convexo. El espesor de pared es de 5 mm y el diámetro del orificio no supera los 160 mm. Ambas superficies se presentan alisadas.

Tipo C.3: Un plato elipsoidal con eje longitudinal horizontal.
C.3.1: Presenta borde recto y labio convexo. Tiene un grosor de pared de 2 mm. El diámetro de la boca es de 120 mm y su altura asciende a 25 mm. Fue confeccionado mediante el moldeamiento en cestos.

7.2 Modos tecnológicos

Dentro del conjunto cerámico analizado se distinguieron los siguientes modos y submodos tecnológicos (gráfico 7.2):

1) Alisado

Pertenecen a este modo tecnológico 125 fragmentos, los cuales presentan una pasta de textura porosa y con fractura irregular. La coloración en el núcleo y en las márgenes internas y externas del mismo varía entre negro (5Y 2/2), marrón (10YR 5/3), marrón grisáceo oscuro (10YR 4/2) y amarillo rojizo (5YR 6/8). El antiplástico constituido por mica plateada y dorada, cuarzo y feldespato, se presenta de tamaño mediano (entre 1 y 2 mm) o grueso (más de 2 mm), en mediana densidad y con distribución irregular. Las cavidades son de tamaño pequeño (hasta 1 mm), su forma es diversa (amorfa, alargada y circular) y su densidad media. Las superficies, de color marrón (10YR 5/3) o marrón grisáceo oscuro (10YR 4/2), se encuentran alisadas. El espesor de las paredes varía entre 4 mm y 6 mm y la dureza entre 3 y 4.5. Como decoración pueden presentar en la

superficie exterior motivos incisos de carácter geométrico.

1.1) Alisado en ambas superficies

El tamaño del antiplástico es grande (más de 2 mm), formado por mica plateada y dorada, cuarzo y feldespato. El grosor de las paredes varía entre 4 mm y 6 mm y la dureza entre 3 y 4.5. Las superficies se presentan de color marrón (10YR 5/3) o marrón grisáceo oscuro (10YR 4/2). Pertenecen a este submodo tecnológico 4 bordes, 99 cuerpos y las vasijas A.2.1 y C.1.1.

1.2) Alisado/Inciso Exterior

Este subgrupo tecnológico está representado por 14 bordes y 6 cuerpos, que conforman la vasija A.4.1. El antiplástico es de tamaño mediano (entre 1 y 2 mm) y está integrado por mica plateada y dorada, cuarzo y feldespato. El espesor de las paredes varía entre 4 mm y 5 mm y el grado de dureza es de 3. Las superficies, de color marrón grisáceo oscuro (10YR 4/2), presentan como decoración incisiones en la cara externa. Los motivos se localizan a la altura del cuello y están conformados por triángulos, que orientan sus vértices hacia abajo, rellenos con líneas cortas (foto 7.1).

2) Pulido

Se incluyen dentro de este modo tecnológico 2 fragmentos. La textura de la pasta es laminar y la fractura irregular. En el núcleo y las periferias del mismo la coloración varía entre amarillo rojizo (5YR 6/8) y marrón (10YR 5/3). El antiplástico es de tamaño pequeño (hasta 1 mm) y está compuesto por mica plateada y dorada, cuarzo y feldespato. Su distribución es irregular y su densidad baja. Las cavidades, observables en baja densidad, son de tamaño pequeño (hasta 1 mm) y

Foto 7.1

de forma alargada, circular y amorfa. El color de las superficies es marrón (10YR 5/3) o marrón grisáceo oscuro (10YR 4/2), pudiendo ser total o parcialmente pulidas. En cuanto a técnicas especiales de decoración, se registró en algunos tiestos la presencia de pintura de color rojo oscuro (10R 5/1) en una de sus superficies. El espesor de las paredes alterna entre un mínimo de 3.5 mm y un máximo de 4.5 mm y la dureza asciende a 3.

2.1) Pulido en ambas superficies

Este submodo tecnológico está representado por un borde

que posee un grosor de pared de 3.5 mm. En este caso, ambas superficies se encuentran pulidas y son de color marrón (10YR 5/3).

2.2) Pulido/Pintado rojo oscuro exterior

Pertenece a este subgrupo un cuerpo que tiene un espesor de pared de 4.5 mm. Las superficies, de color marrón (10YR 5/3) o marrón grisáceo oscuro (10YR 4/2), fueron alisadas en el interior y pulidas en el exterior. Como decoración presenta pintura de color rojo oscuro (10R 3/6) en la cara externa.

Foto 7.2

3) Moldeado en cestos

El número de fragmentos que constituyen este modo tecnológico asciende a 29 (22 cuerpos, 5 bases y 2 bordes). La pasta se presenta porosa y con fractura irregular. La coloración del núcleo o en las periferias del mismo varía entre negro (5Y 2/2), marrón (10YR 5/3) y marrón grisáceo oscuro (10YR 4/2). El antiplástico está formado por mica plateada y dorada, cuarzo y feldespato. Se presenta en mediana densidad, con distribución irregular y tamaño grande (más de 2 mm). Las cavidades tienen forma diversa (alargada, amorfa y circular), son de reducidas dimensiones (menos de 1 mm) y se observan en mediana densidad. La superficie interna se encuentra alisada y la externa evidencia impresiones de cestos. Mientras que los colores marrón (10YR 5/3) o marrón grisáceo oscuro (10YR 4/2) se hallan presentes en ambas superficies. El espesor de las paredes varía entre 1.5 mm y 3.5 mm y la dureza alcanza a 3.

Análisis del material con impresiones de cestas

La técnica utilizada para la realización de los cestos, cuyas impresiones quedaron adheridas en la superficie externa de una base y de una vasija reconstruida (tipo C.3.1), es la denominada coiled. En el primero de los casos, el elemento flexible tiene una orientación vertical y está constituido por una fibra plana de 1.3 mm. El espaciado entre las unidades alterna entre abierto y cerrado a intervalos irregulares. El elemento rígido está compuesto por un solo elemento funcionando como unidad y tiene una orientación horizontal. La fibra es plana y presenta un espesor de 2 mm, mientras que el espaciado entre las unidades es cerrado. En lo que respecta a la vasija reconstruida, se pudo determinar que el elemento móvil está conformado por una fibra plana de 1.4 mm de ancho y que el espaciado entre las unidades es cerrado, lo cual imposibilitó observar las características de los elementos rígidos (foto 7.2).

CAPÍTULO 8
MATERIAL CERÁMICO DE RIO YUSPE 11

En el transcurso de las campañas efectuadas durante febrero y noviembre de 2003, se realizaron en diferentes áreas del sitio Rio Yuspe 11 recolecciones superficiales y sondeos estratigráficos. Como resultado de estos trabajos se pudieron recuperar 402 fragmentos (17 bordes, 37 bases y 348 cuerpos), cuyo análisis se detalla a continuación.

La totalidad de las vasijas fueron cocidas en atmósfera oxidante incompleta y manufacturadas mediante las técnicas de enrollamiento (96%) y moldeamiento en cestos (4%).

Los bordes son directos (47%) y evertidos (53%), con labios rectos (50%) o convexos (50%). El 88.2% encuentra alisado y el 11.8% pulido. Las paredes tienen un espesor que varía entre un mínimo de 4 mm y un máximo de 6 mm. Los fragmentos decorados mediante motivos incisos alcanzan el 5.8% (tabla 8.1).

Las 37 bases rescatadas se encuentran alisadas y 3 de ellas evidencian impresiones de cestas. La muestra se presenta sumamente fragmentada, esta situación originó que solo se pudieran analizar 2 de ellas. Ambas pertenecen al tipo biplanas y exhiben restos de hollín en su superficie exterior. En la primera, el espesor de pared varía entre un mínimo de 6 mm y un máximo de 17 mm. En lo que respecta al largo y al ancho, sus medidas son de 33 mm y 24 mm, respectivamente. En la segunda, el grosor de pared varía entre 5 mm y 15mm, mientras que el largo es de 25 mm y el ancho de 14 mm (tabla 8.2).

En función del análisis realizado a los cuerpos de las vasijas, se pudo determinar que el 92.2% se halla alisado, el 4.3% pulido y el 3.5% con impresiones de cestas. El 0.3% tiene como decoración una capa de pintura de color rojo oscuro en la superficie externa. Además, el 22.1% se encuentra erosionado y el 20.4% presenta tizne de hollín (tabla 8.3).

8.1 Aspectos morfológicos

El análisis de los bordes diagnósticos permitió identificar las siguientes formas y tipos (gráfico 8.1):

Forma A: Recipientes restringidos independientes de contornos inflexionados (olla esférica de cuello largo, olla esférica de cuello corto).

Submodos tecnológicos	Tipos de bordes		
	Directos	Evertidos	Total
Alisado en ambas superficies	35.2%	47%	82.3%
Alisado/ Pintado rojo oscuro ext.	-	-	-
Alisado/ Inciso ext.	-	5.9%	5.9%
Pulido ext.	-	-	-
Pulido en ambas superficies	11.8%	-	11.8%
Moldeado en cestos	-	-	-
Total	47%	53%	100%

Tabla 8.1 . Relación entre submodos tecnológicos y tipos de bordes

Submodos tecnológicos	Tipos de bases		
	Biplanas	Inclasificables	Total
Alisado en ambas superficies	5.4%	86.5%	91.9%
Alisado/ Pintado rojo oscuro ext.	-	-	-
Alisado/ Inciso ext.	-	-	-
Pulido en ambas superficies	-	-	-
Pulido ext.	-	-	-
Moldeado en cestos	-	8.1%	8.1%
Total	5.4%	94.6%	100%

Tabla 8.2 . Relación entre submodos tecnológicos y tipos de bases

Submodos tecnológicos	Cuerpos
Alisado en ambas superficies	92%
Alisado/ Pintado rojo oscuro ext.	0.3%
Alisado/ Inciso ext.	-
Pulido en ambas superficies	2.6%
Pulido ext.	1.7%
Moldeado sobre cestos	3.4%
Total	100%

Tabla 8.3. Relación entre submodos tecnológicos y cuerpos

Formas y Tipos de vasijas de Río Yuspe 11

Forma A: Vasija restringida independiente de controno inflexionado

Tipo A.1: Olla esférica de cuello largo

Tipo A21: Olla esférica de cuello corto

Gráfico 8.1

Tipo A.1: Una olla esférica de cuello largo.
A.1.1: El borde es evertido y el labio recto. La pared presenta un espesor de 6 mm y el diámetro de la boca es de 150 mm. Ambas superficies se encuentran alisadas.

Tipo A.2: Una olla esférica de cuello corto.
A.2.1: Tiene borde evertido y labio convexo. La pared alcanza un grosor de 6 mm y el diámetro del orificio es de 150 mm. Las superficies se presentan alisadas.

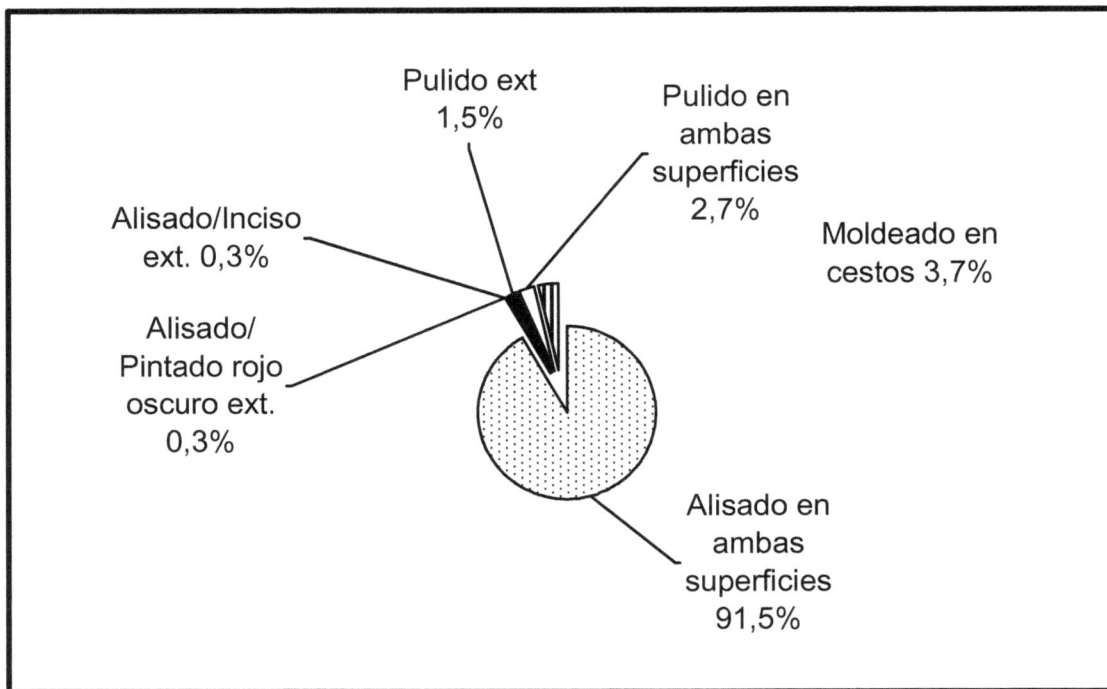

Gráfico 8.2. Porcentaje de submodos tecnológicos

8.2 Modos Tecnológicos

A partir del estudio del registro artefactual cerámico se distinguieron los siguientes modos y submodos tecnológicos (gráfico 8.2):

1) Alisados

Corresponden a este modo tecnológico 370 tiestos, los cuales exhiben una pasta de textura porosa y fractura irregular. La coloración en el núcleo y en las márgenes interiores y exteriores del mismo varía entre negro (5Y 2/2), marrón (10YR 5/3), marrón grisáceo oscuro (10YR 4/2) y amarillo rojizo (5YR 6/8). El antiplástico está conformado por mica plateada y dorada, cuarzo y feldespato. Se presenta de tamaño pequeño (hasta 1 mm) o grande (más de 2 mm), en mediana densidad y con distribución irregular. Las cavidades son pequeñas (hasta 1 mm) o medianas (entre 1 y 2 mm), su forma es diversa (amorfa, alargada y circular) y su densidad media. El color de las superficies es marrón (10YR 5/3), marrón grisáceo oscuro (10YR 4/2) o amarillo rojizo (5YR 6/8) y se encuentran alisadas. El espesor de las paredes varía entre 4 mm y 7 mm, mientras que el grado de dureza asciende a 3. Como decoración algunos fragmentos presentan en la superficie exterior motivos incisos o en su defecto una cobertura de pintura de color rojo oscuro (10R 3/6).

1.1) Alisado en ambas superficies

El antiplástico es de tamaño grande (más de 2 mm) y está compuesto por mica plateada y dorada, cuarzo y feldespato. Las cavidades son de tamaño mediano (entre 1 y 2 mm) y el grosor de las paredes varía entre 4 mm y 7 mm. Las superficies tienen una coloración que varía entre marrón (10YR 5/3), marrón grisáceo oscuro (10YR 4/2) y amarillo rojizo (5YR 6/8). Pertenecen a este submodo tecnológico las 2 vasijas reconstruidas, 12 bordes, 34 bases y 320 cuerpos. Además, se pudieron identificar restos de hollín en 71 tiestos.

Foto 8.1

1.2) Alisado/Inciso Exterior

Este subgrupo está integrado solamente por un borde. El tamaño del antiplástico es pequeño (hasta 1 mm) y está constituido por mica plateada y dorada, cuarzo y feldespato. Las cavidades son de pequeñas dimensiones (hasta 1 mm). El grosor de pared alcanza los 5.5 mm. Las superficies son de color marrón (10YR 5/3) y exhiben como decoración incisiones de surcos con presiones rítmicas en su cara externa. El motivo está constituido por líneas trazadas en forma de zig-zag, sobre el cual se localiza un punteado en sentido horizontal (foto 8.1).

1.3) Alisado/Pintado Rojo Oscuro Exterior

El antiplástico es de tamaño grande (más de 2 mm) y está conformado por mica plateada y dorada, cuarzo y feldespato. Las cavidades son pequeñas (hasta 1 mm) y el espesor de pared asciende a 5 mm. El color de las superficies es marrón (10YR 5/3). Solo un cuerpo se incluye en este submodo tecnológico que se caracteriza por tener como decoración una capa de pintura de color rojo oscuro (10R 3/6) en su superficie exterior.

2) Pulido

Se incluyen dentro de este modo tecnológico 17 fragmentos. La pasta se presenta porosa y con fractura irregular. La coloración del núcleo y de las márgenes del mismo varía entre negro (5Y 2/2), gris (10YR 5/1), marrón (10YR 5/3), marrón grisáceo oscuro (10YR 4/2), marrón muy pálido (10YR 7/4) y amarillo rojizo (5YR 6/8). El antiplástico es de

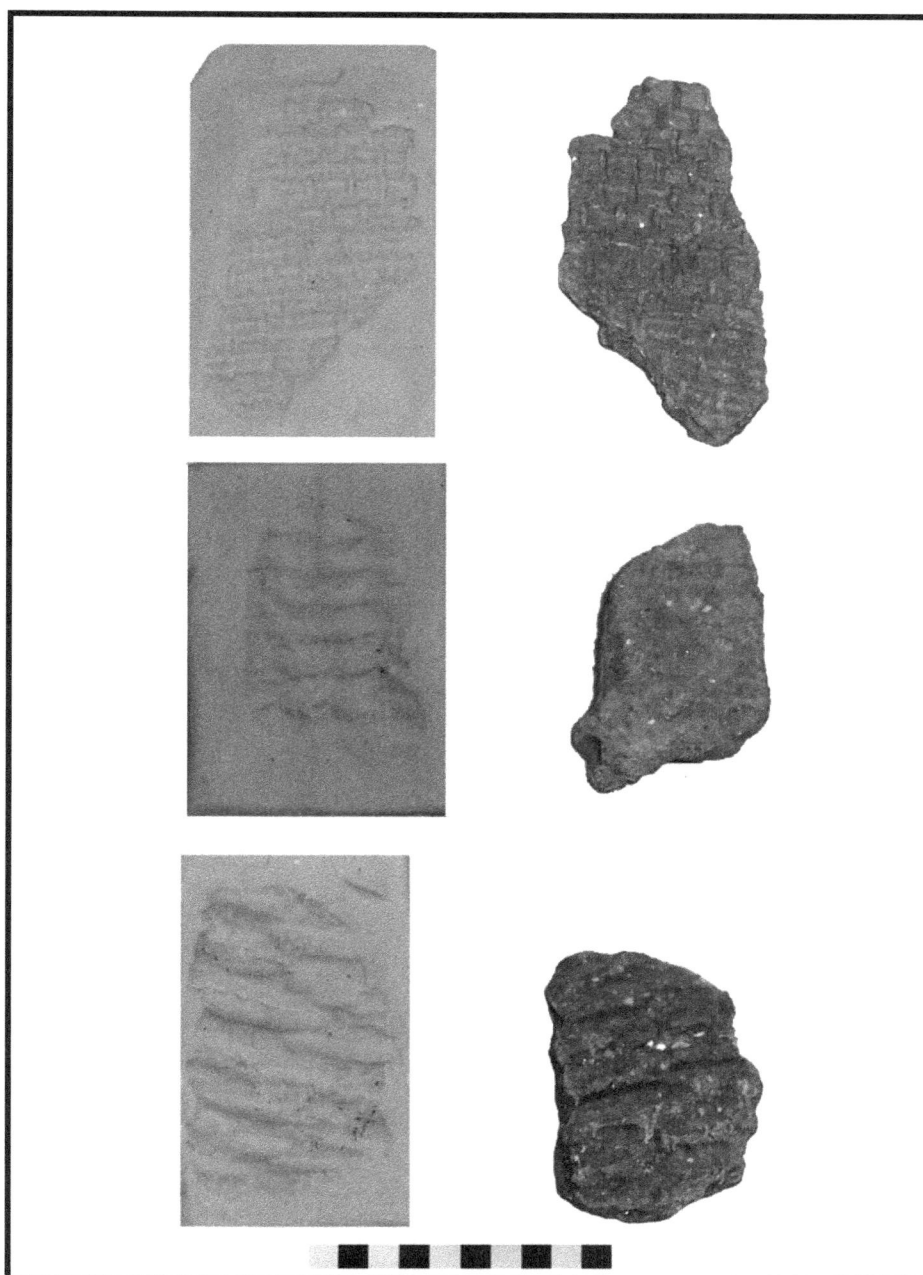

Foto 8.2

tamaño mediano (entre 1 y 2 mm) y está constituido por mica plateada y dorada, cuarzo y feldespato. Su distribución es irregular y su densidad baja. Las cavidades, observables en baja densidad, son de tamaño mediano (entre 1 y 2 mm) y forma alargada, circular y amorfa. El color de las superficies es negro (5Y 2/2), gris (10YR 5/1), marrón (10YR 5/3), marrón grisáceo oscuro (10YR 4/2) o marrón muy pálido (10YR 7/4), pudiendo ser total o parcialmente pulidas. El espesor de las paredes varía entre un mínimo de 3.5 mm y un máximo de 6 mm y la dureza asciende a 4.5.

2.1) Pulido exterior

El color de las superficies es negro (5Y 2/2), gris (10YR 5/1), marrón (10YR 5/3) o marrón grisáceo oscuro (10YR 4/2) y presentan su interior alisado y su exterior pulido. El espesor de las paredes varía entre 3.5 mm y 6 mm. Pertenecen a este submodo tecnológico 6 cuerpos, uno de los cuales presenta huellas de carbonización en la superficie externa.

2.2) Pulido en ambas superficies

Este submodo tecnológico está representado por 11 fragmentos (2 bordes y 9 cuerpos). En todos los casos ambas superficies se encuentran pulidas y su color es gris (10YR 5/1), marrón (10YR 5/3), marrón grisáceo oscuro (10YR 4/2) o marrón muy pálido (10YR 7/4). El grosor de las paredes alcanza los 4 mm.

3) Moldeado en cestos

El número de fragmentos incluidos dentro de este modo tecnológico es de 12 cuerpos y 3 bases. En todos los casos la pasta es de textura porosa y fractura irregular. Su coloración varía entre negro (5Y 2/2), gris (10YR 5/1), marrón (10YR 5/3) y amarillo rojizo (5YR 6/8), ya sea en el núcleo o en las periferias del mismo. El antiplástico es de tamaño grande (más de 2 mm) y esta constituido por mica plateada y dorada, cuarzo y feldespato. Su distribución es irregular y su densidad media. Las cavidades son de tamaño mediano (entre 1 y 2 mm), forma diversa (alargada, amorfa y circular) y se observan en mediana densidad. En lo que respecta al tratamiento de superficie, se puede apreciar que el lado interno fue alisado, mientras que el externo evidencia impresiones de cestos y ocasionalmente de redes. Los colores de las superficies son marrón (10YR 5/3), negro (5Y 2/2) o amarillo rojizo (5YR 6/8). Las paredes tienen un espesor que alterna entre 3 mm y 7 mm y la dureza es de 3.

Análisis del material con impresiones de cestas y redes

A través del análisis de las improntas se determinó que la técnica más difundida para la realización de los cestos es la denominada Wrapped Twined o encordado envuelto, también conocida como falso espiralado (Adovasio 1977; Pérez de Micou 1997; Tarragó y Renard 2001; Serrano 1945). Esta técnica está constituida por «dos elementos rígidos superpuestos, uno de ellos ubicados en forma horizontal,

en la parte interna del cesto y el otro en forma vertical, en la parte exterior del mismo, formando dos capas, unidas ambas por un elemento flexible que envuelve el punto en que ambas caras se tocan, uniéndolas. A este elemento flexible se lo ve en la cara interior ubicado verticalmente, y en la exterior, oblicuo u horizontal» (Tarragó y Renard 2001:519).

En los nueve fragmentos que se identificó esta técnica la fibra utilizada es siempre de sección circular, generalmente más angosta en el elemento flexible que en el rígido. En este sentido, el grosor del elemento flexible nunca supera los 2.2 mm, en cambio en el elemento rígido estas medidas pueden extenderse hasta los 4.4 mm. El espaciado entre las unidades de los elementos flexibles es abierto, pudiendo ser a espacios regulares o irregulares. En dos fragmentos se ha podido observar la existencia de diseños decorativos, los cuales consisten en bandas diagonales simples y dobles, extendidas hacia la derecha (foto 8.2).

Llamativamente, la técnica coiled se encuentra presente solo en tres fragmentos de bases. A diferencia de lo observado en la técnica Wrapped Twined, los elementos flexibles están constituidos por fibras planas, orientadas verticalmente y con dimensiones que oscilan entre 1.5 mm y 2.2 mm. El espaciado entre las unidades del elemento flexible es generalmente cerrado, lo cual imposibilitó observar las características inherentes al elemento rígido. Sin embargo, en un caso el espaciado se presenta abierto pudiéndose apreciar que el elemento rígido, dispuesto horizontalmente, está compuesto por dos elementos funcionando como unidad. Las medidas en cada uno de estos componentes es de 0.50 y 0.80 mm, en tanto el grosor de la unidad alcanza los 2 mm. El tipo de fibra empleado es de sección circular y el espaciado entre las unidades se presenta abierto (foto 8.2).

En la técnica cestera Twined Work el elemento rígido está ubicado verticalmente y el elemento flexible se encuentra en posición horizontal. Este último está compuesto por dos elementos que funcionan como unidad, los cuales entrelazan y/o traspasan a los elementos rígidos a intervalos regulares o irregulares (Adovasio 1977). En el único fragmento que se identificó esta técnica las dimensiones del elemento flexible y de sus componentes son de 3.1 mm, 1.4 mm y 2.1 mm, respectivamente. El tipo de fibra utilizado es circular y el espaciado entre las unidades cerrado. Esta última característica impidió estudiar la estructura del elemento rígido (foto 8.2).

Solo un tiesto presenta en la superficie externa impresiones de redes y cestas. Su estudio determinó que las redes utilizadas como moldes corresponden a las del tipo «anudada de malla romboidal». El tamaño de la celda es de 1.5 mm x 6.9 mm y el grosor del hilo, que tiene un ángulo de torsión hacia la derecha, asciende a 0.6 mm. Sin embargo, debido al grado de erosión en que se encuentra el fragmento fue imposible identificar la técnica cestera empleada.

CAPÍTULO 9
MATERIAL CERÁMICO DE ARROYO TALAINÍN 2

En este capitulo se presentan los resultados de los estudios efectuados al conjunto cerámico proveniente del sitio Arroyo Talainín 2. La muestra analizada está integrada por 490 fragmentos (27 bordes, 13 bases, 445 cuerpos, 4 fichas de sección circular y 1 tortero) y fue recobrada mediante recolecciones superficiales y excavaciones estratigráficas.

Las técnicas de manufactura empleadas para la confección de las vasijas fueron el enrollamiento (99%) y el moldeamiento en cestos (1%). Asimismo, se pudo determinar que todas fueron cocidas en atmósfera oxidante incompleta.

Los bordes son directos (70.4%), invertidos (18.5%) y evertidos (11.1%), con labios rectos (51.9%) o convexos (48.1%). El 96.3% se encuentra alisado y el 3.7% pulido. Las paredes tienen un grosor que varía entre un mínimo de 4 mm y un máximo de 6 mm. El 3.7% presenta decoración incisa e igual porcentaje evidencia signos de reactivación en su labio (tabla 9.1).

Las 13 bases recuperadas se encuentran alisadas y morfológicamente pertenecen a los siguientes tipos: meniscoconvexas (25%), meniscocóncavas (25%), concaviplanas (25%) y biplanas (25%). El grosor de las

paredes varía entre un mínimo de 6 mm y un máximo de 20 mm. Mientras que en el largo y el ancho las medidas mínimas y máximas varían entre 20 mm y 78 mm, y 15 mm y 48 mm, respectivamente. Solo el 23.1% presenta tizne de hollín en las superficie exterior (tabla 9.2).

El 97.8% de los cuerpos se halla alisado, el 1.1% pulido y el 1.1% con impresiones de cestas. Se pudo determinar que entre los decorados (1.4%), el 66.7% corresponde a los pintados de color rojo oscuro y el 33.3% a los incisos. Los tiestos con restos de hollín alcanzan el 9.9% y los erosionados el 13% (tabla 9.3).

Finalmente, se identificó 1 tortero y 4 fichas circulares. En todos los casos ambas superficies se encuentran alisadas y carecen de decoración alguna.

9.1 Aspectos morfológicos

A través del análisis de los bordes diagnósticos, se lograron reconstruir las siguientes formas y tipos (gráfico 9.1):

Forma A: Vasijas restringidas independientes de contornos inflexionados (ollas esféricas de cuello corto).

Submodos tecnológicos	Tipos de bordes			
	Directos	Invertidos	Evertidos	Total
Alisado en ambas superficies	66.7%	18.5%	7.4%	92.6%
Alisado/ Pintado rojo oscuro ext.	-	-	-	-
Alisado/ Inciso ext.	-	-	3.7%	3.7%
Pulido ext.	3.7%	-	-	3.7%
Moldeado en cestos	-	-	-	-
Total	70.4%	18.5%	11.1%	100%

Tabla 9.1. Relación entre submodos tecnológicos y tipos de bordes

Submodos tecnológicos	Tipos de bases					
	Meniscoconvexas	Meniscocóncavas	Concaviplanas	Biplanas	Inclasifi-cables	Total
Alisado en ambas superficies	7.7%	7.7%	7.7%	7.7%	69.2%	100%
Alisado/ Pintado rojo oscuro ext.	-	-	-	-	-	
Alisado/ Inciso ext.	-	-	-	-	-	-
Pulido ext.	-	-	-	-	-	-
Moldeado en cestos	-	-	-	-	-	-
Total	7.7%	7.7%	7.7%	7.7%	69.2%	100%

Tabla 9.2. Relación entre submodos tecnológicos y tipos de bases

Submodos tecnológicos	Cuerpos
Alisado en ambas superficies	96.4%
Alisado/ Pintado rojo oscuro ext.	0.9%
Alisado/ Inciso ext.	0.4%
Pulido ext.	1.1%
Moldeado sobre cestos	1.1%
Total	100%

Tabla 9.3. Relación entre submodos tecnológicos y cuerpos

Formas y Tipos de vasijas Arroyo Talainin 2

Forma A. Vasija restringida independiente de contorno inflexionado

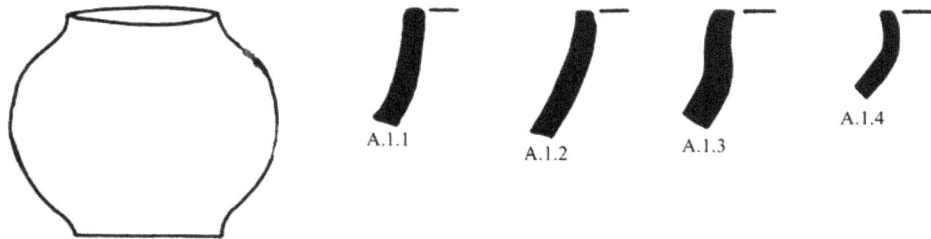

A.1.1 A.1.2 A.1.3 A.1.4

Tipo A. 1: Olla esférica de cuello corto

Forma B. Vasija restringida simple y dependiente de contorno simple

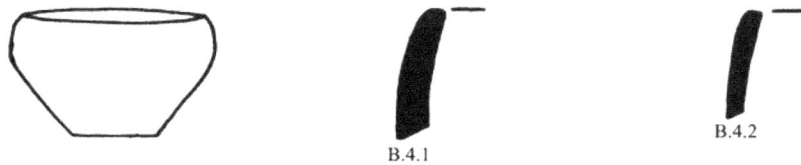

B.4.1 B.4.2

Tipo B.4: Puco ovaloide invertido

Forma C. Vasija no restringida de contorno simple

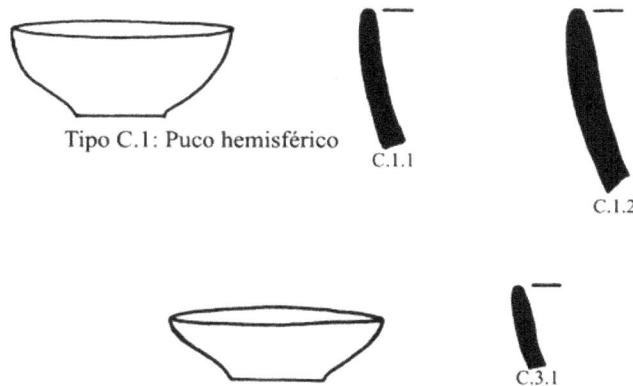

Tipo C.1: Puco hemisférico

C.1.1 C.1.2

C.3.1

Tipo C.3: Plato elipsoidal con eje longitudinal horizontal

Gráfico 9.1

Tipo A.2: Cuatro ollas esféricas de cuello corto. Todos los ejemplares presentan como acabado el alisado de las superficies.

A.2.1: El borde es recto y el labio convexo. El espesor de pared es de 6 mm, y el diámetro de la boca alcanza los 190 mm.

A.2.2: Presenta borde y labio recto. El grosor de pared asciende a 5 mm y el diámetro del orificio es de 190 mm. Presenta vestigios de hollín en su superficie exterior.

A.2.3: Tiene borde y labio recto. La pared presenta un

Alisado/
Inciso ext.
0,6%

Alisado/
Pintado rojo
oscuro ext.
0,8%

Pulido
exterior 1,2%

Moldeado en
cestos 1,2%

Alisado en
ambas
superficies
96,2%

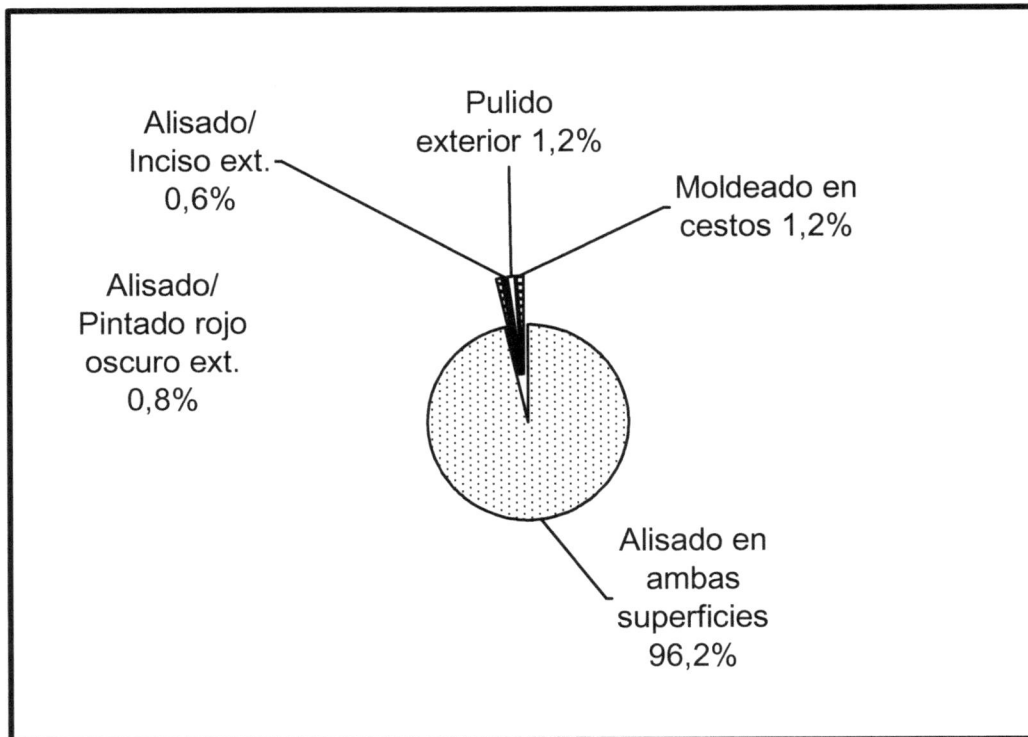

Gráfico 9.2. Porcentaje de submodos tecnológicos

espesor de 6 mm y el diámetro de la boca es de 200 mm.
A.2.4: El borde es evertido y el labio convexo. El grosor de
pared y el diámetro de la boca ascienden a 4 mm y 210 mm,
respectivamente.

Forma B: Recipientes restringidos simples y dependientes de contornos simples (pucos ovaloides invertidos).

Tipo B.4: Dos pucos ovaloides invertidos. Ambos ejemplares presentan las superficies alisadas.
B.4.1: Tiene borde invertido y labio convexo. El espesor de
pared alcanza los 6 mm, y el diámetro de la boca es de 200
mm. Presenta vestigios de hollín en la superficie externa.
B.4.2: El borde es invertido y el labio recto. La pared tiene
un grosor de 4 mm y el diámetro del orificio es de 210 mm.

Forma C: Vasijas no restringidas de contornos simples (pucos hemisféricos, plato elipsoidal con eje longitudinal horizontal).

Tipo C.1: Dos pucos hemisféricos. Ambos tienen las superficies alisadas.
C.1.1: Tiene borde recto y labio convexo. La pared alcanza
un espesor de 6 mm y el diámetro del orificio es de 200 mm.
C.1.2: Presenta borde y labio recto. El grosor de pared es de
6 mm, mientras que el diámetro de la boca no supera los 250
mm.

Tipo C.3: Un plato elipsoidal con eje longitudinal horizontal.
C.3.1: El borde es recto y el labio convexo. El espesor de

pared asciende a 4 mm y el diámetro de la boca es de 200
mm. Las superficies se encuentran alisadas.

9.2 Modos tecnológicos

Como consecuencia del análisis del registro artefactual
cerámico, quedaron conformados los siguientes modos y
submodos tecnológicos (gráfico 9.2):

1) Alisado

Se incluyen dentro de este modo tecnológico 479
fragmentos. La pasta se presenta con textura porosa y
fractura irregular. La coloración del núcleo y las márgenes
del mismo alterna entre gris (10YR 5/1), marrón grisáceo
oscuro (10YR 4/2), marrón (10YR 5/3) y amarillo rojizo (5YR
6/8). El antiplástico está compuesto por mica plateada y
dorada, cuarzo y feldespato. Su tamaño varía entre mediano
(entre 1 y 2 mm) y grande (más de 2 mm), distribuyéndose
de forma irregular y en densidad media. Las cavidades son
pequeñas (hasta 1 mm), se observan en mediana densidad
y tienen forma alargada, circular y amorfa. El color de las
superficies, que siempre se presentan alisadas, es negro
(5Y 2/2), gris (10YR 5/1), marrón grisáceo oscuro (10YR 4/
2), marrón (10YR 5/3) o amarillo rojizo (5YR 6/8). El grosor
de las paredes alterna entre 4 mm y 9 mm y la dureza es 3. En
escasa proporción se puede observar la presencia de
tratamientos especiales de decoración, realizados a través
de incisiones o mediante la aplicación de una capa de
pintura.

1.1) Alisado en ambas superficies

Foto 9.1

El antiplástico es de tamaño mediano (entre 1 y 2 mm) y está conformado por mica plateada y dorada, cuarzo y feldespato. Las paredes tienen un espesor que varía entre un mínimo de 4 mm y un máximo de 7 mm. Los colores de las superficies son gris (10YR 5/1), marrón grisáceo oscuro (10YR 4/2), marrón (10YR 5/3) o amarillo rojizo (5YR 6/8). Pertenecen a este submodo 472 fragmentos (24 bordes, 13 bases, 429 cuerpos, 1 tortero, 4 fragmentos de fichas, 1 borde reactivado, 44 tiestos con vestigios de hollín y 58 erosionados), dentro de los cuales se encuentran la totalidad de las formas reconstruidas.

1.2) Alisado/Pintado rojo oscuro exterior

El antiplástico está compuesto por mica plateada y dorada, cuarzo y feldespato y es de tamaño grande (más de 2 mm). Ambas superficies, de color marrón (10YR 5/3), marrón grisáceo oscuro (10YR 4/2) o amarillo rojizo (5YR 6/8), se encuentran alisadas. En la cara exterior se observa como rasgo distintivo una capa de pintura de color rojo oscuro (10R 3/6). La muestra se compone de 4 cuerpos, los cuales tienen un grosor de pared que varía entre 5 mm y 6 mm.

1.3) Alisado/Inciso exterior

Dentro de este submodo se identificaron 3 fragmentos (1 borde y 2 cuerpos). El tamaño del antiplástico es grande (más de 2 mm) y está constituido por mica plateada y dorada, cuarzo y feldespato. En tanto, el grosor de las paredes varía entre 5 mm y 9 mm. El color de las superficies es negro (5Y 2/2), marrón grisáceo oscuro (10YR 4/2), marrón (10YR 5/3) o amarillo rojizo (5YR 6/8). Todos los fragmentos, más allá del alisamiento de sus caras, presentan en la superficie exterior técnicas especiales de decoración constituidas por incisiones de carácter geométrico. Los motivos comprenden líneas simples o dobles y se combinan formando zig-zag o triángulos rellenos con puntos (foto 9.1).

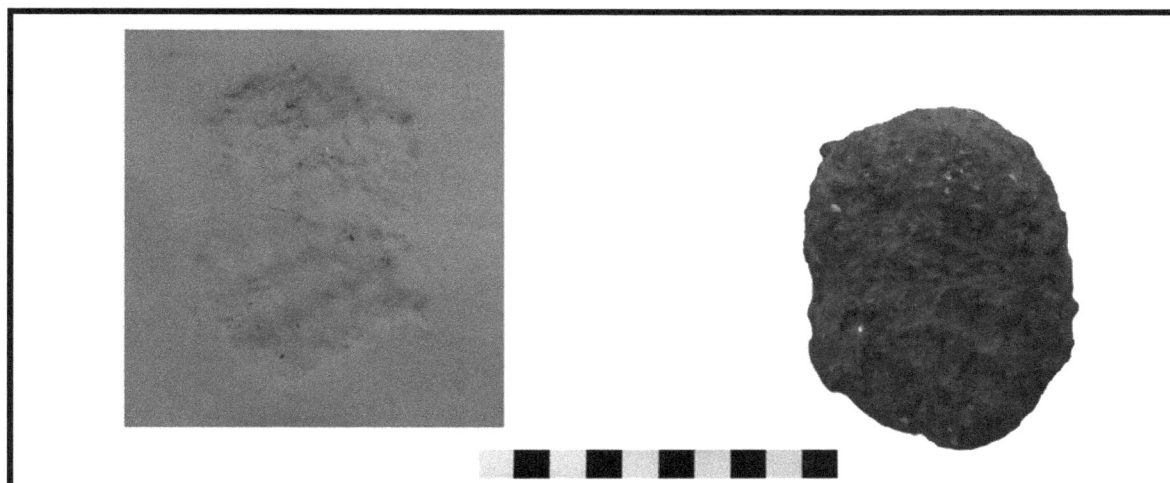

Foto 9.2

2) Pulido exterior

Este modo tecnológico está compuesto por 6 fragmentos (1 borde y 5 cuerpos). La pasta se presenta porosa y con fractura irregular. La coloración del núcleo y las márgenes del mismo varía entre marrón grisáceo oscuro (10YR 4/2), marrón (10YR 5/3), marrón muy pálido (10YR 7/4) y amarillo rojizo (5YR 6/8). El antiplástico es de tamaño grande (más de 2 mm) y se compone de mica plateada y dorada, cuarzo y feldespato. Su distribución es irregular y su densidad media. Las cavidades, observables en mediana densidad, son de tamaño pequeño (hasta 1 mm) y de forma diversa (alargada, circular y amorfa). El color de las superficies es marrón grisáceo oscuro (10YR 4/2), marrón (10YR 5/3) o marrón muy pálido (10YR 7/4). La dureza asciende a 3 y el espesor de las paredes varía entre 5 mm y 6 mm. Todos los tiestos presentan su superficie interna alisada y la externa pulida.

3) Moldeado en cestos

Se incluyen dentro de modo tecnológico 5 cuerpos, que se caracterizan por tener una pasta porosa, con fractura irregular. La coloración del núcleo y los márgenes del mismo alterna entre gris (10YR 5/1), marrón grisáceo oscuro (10YR 5/1), marrón (10YR 5/3) y amarillo rojizo (5YR 6/8). El antiplástico es de tamaño mediano (entre 1 y 2 mm) y está conformado por mica plateada y dorada, cuarzo y feldespato Se presenta en densidad media y distribución irregular. Las cavidades son de forma alargada, circular y amorfa, de tamaño pequeño (hasta 1 mm) y se encuentran en mediana densidad. El acabado de superficie recibido en la cara interior es el alisado, en tanto en la exterior se evidencian impresiones de cestas. El color de las superficies es marrón grisáceo oscuro (10YR 4/2) o marrón (10YR 5/3). Las paredes poseen un espesor que varía entre 3 mm y 5 mm y la dureza es de 3.

Análisis del material con impresiones de cestas y redes

Dentro de los 5 fragmentos con impresiones de cestos recuperados, solo se pudieron analizar 2 de ellos. En ambos casos la técnica cestera empleada es la denominada coiled. El en el primer ejemplar, el elemento flexible tiene un grosor de 2.4 mm y está constituido por una fibra plana, de orientación vertical. En el restante, estas características se repiten, sin embargo, el espesor de la fibra no supera los 0.6 mm. En los 2 tiestos el espaciado entre las unidades se muestra cerrado, lo que imposibilitó observar los atributos correspondientes a los elementos rígidos (foto 9.2).

CAPÍTULO 10
DISCUSIÓN

Como fue señalado oportunamente, este trabajo pretende indagar las características de la producción cerámica durante la etapa agroalfarera en el Valle de Salsacate y pampas de altura adyacentes. Esencialmente, se intenta realizar una primera aproximación sobre aspectos tecnológicos, funcionales y estilísticos, para determinar la posible existencia de patrones regionales en la elaboración de los elementos cerámicos e identificar pautas conductuales involucradas en la manufactura y uso de los diferentes artefactos. Asimismo, se pretende incorporar una nueva línea de evidencia para el estudio de los aspectos funcionales vinculados a las ocupaciones prehistóricas registradas en cada uno de los sitios.

El entrecruzamiento de los datos obtenidos se discute a continuación siguiendo dos niveles de análisis: regional y de sitio.

10.1 Análisis regional
10.1.1 Aspectos generales de la producción cerámica

La información obtenida de los análisis tecnológicos efectuados al material procedente de los sitios bajo estudio permitió establecer que el 97.27% de los contenedores cerámicos fue manufacturado mediante la técnica de enrollamiento, aunque el tratamiento posterior de las superficies obstaculizó distinguir si se trató de las variedades anular o espiralado. El 2.73% restante fue elaborado mediante la técnica de moldeamiento en cestos, que consistió en colocar arcilla fresca en el interior de la cesta, para luego moldear la pieza. De este modo, las impresiones solo pueden visualizarse en la cara externa de las vasijas.

A partir del estudio de los fragmentos reunidos, se pudo comprobar que la totalidad de las piezas cerámicas fueron cocidas en hornos abiertos (cocción oxidante). Sin embargo, en las superficies de las fracturas nunca fue posible observar el color rojo cubriendo todo el espesor, siendo común la presencia de bandas obscuras que evidencian la falta de calorías suficientes para lograr una cocción completa.

Tres grandes modos tecnológicos fueron identificados en la región: alisados (93.87%), pulidos (3.40%) y moldeados en cestos (2.73%). Estos grupos presentan semejanzas, pero también notables diferencias producto de las numerosas y particulares combinaciones generadas a partir de los atributos mencionados en el capítulo 5, originando subdivisiones dentro de los mismos (gráfico 10.1).

En todos los casos el antiplástico está compuesto por mica plateada y dorada, cuarzo y feldespato. Su distribución es irregular y su tamaño no uniforme. La pasta se presenta con fractura irregular, mientras que las cavidades tienen forma diversa (alargadas, circulares y amorfas).

Más allá de estas similitudes, el atemperante puede presentarse en tamaño grande (72.1%), mediano (24.7%) o pequeño (3.2%) y tener densidad media (98.8%) o baja (1.2%).

La pasta es de textura porosa (99.6%) o laminar (0.4%) y las cavidades tienen tamaño pequeño (98.2%) o mediano (1.8%), encontrándose en mediana (98.8%) o baja (1.2%) densidad.

El grado de dureza es de 3 (97.7%), 3.5 (1.4%) y 4.5 (0.9%), mientras que el espesor de las paredes varía entre 3 y 9 mm, a excepción de un fragmento que tiene un grosor de 1.3 mm (tabla 10.1).

Estas evidencias son coherentes, en líneas generales, con las características tecnológicas (i.e. manufactura, cocción, pasta, grosor de pared y acabado de superficie) propuestas para la alfarería de Córdoba por numerosos investigadores (Argüello de Dorsch 1983; Berberián 1984; Bossa et al. 1995; Laguens 1999; Marcellino et al.1967; Nielsen y Roldán 1991; Pastor 1996; Rivero 2001; Serrano 1945, 1958).

Los tipos de vasijas presentes en los sitios, se reconstruyeron mediante el remontaje de fragmentos y el análisis de los bordes diagnósticos. En total se registraron 3 formas generales, que a su vez se dividen en 15 tipos, que corresponden a 63 piezas (tabla 10.2).

Si se analiza la representatividad de las distintas formas, se observa que dos de ellas alcanzan los valores más elevados: vasijas restringidas de contorno inflexionado (47.6%) y no restringidas de contorno simple (30.2%). Las piezas de forma restringida simple y dependiente de contorno simple aparecen representadas en porcentajes inferiores (22.2%).

En la relación entre formas y modos tecnológicos, se puede apreciar una preponderancia del alisado (92.1%) sobre el pulido (6.3%) y el moldeado en cestos (1.6%).

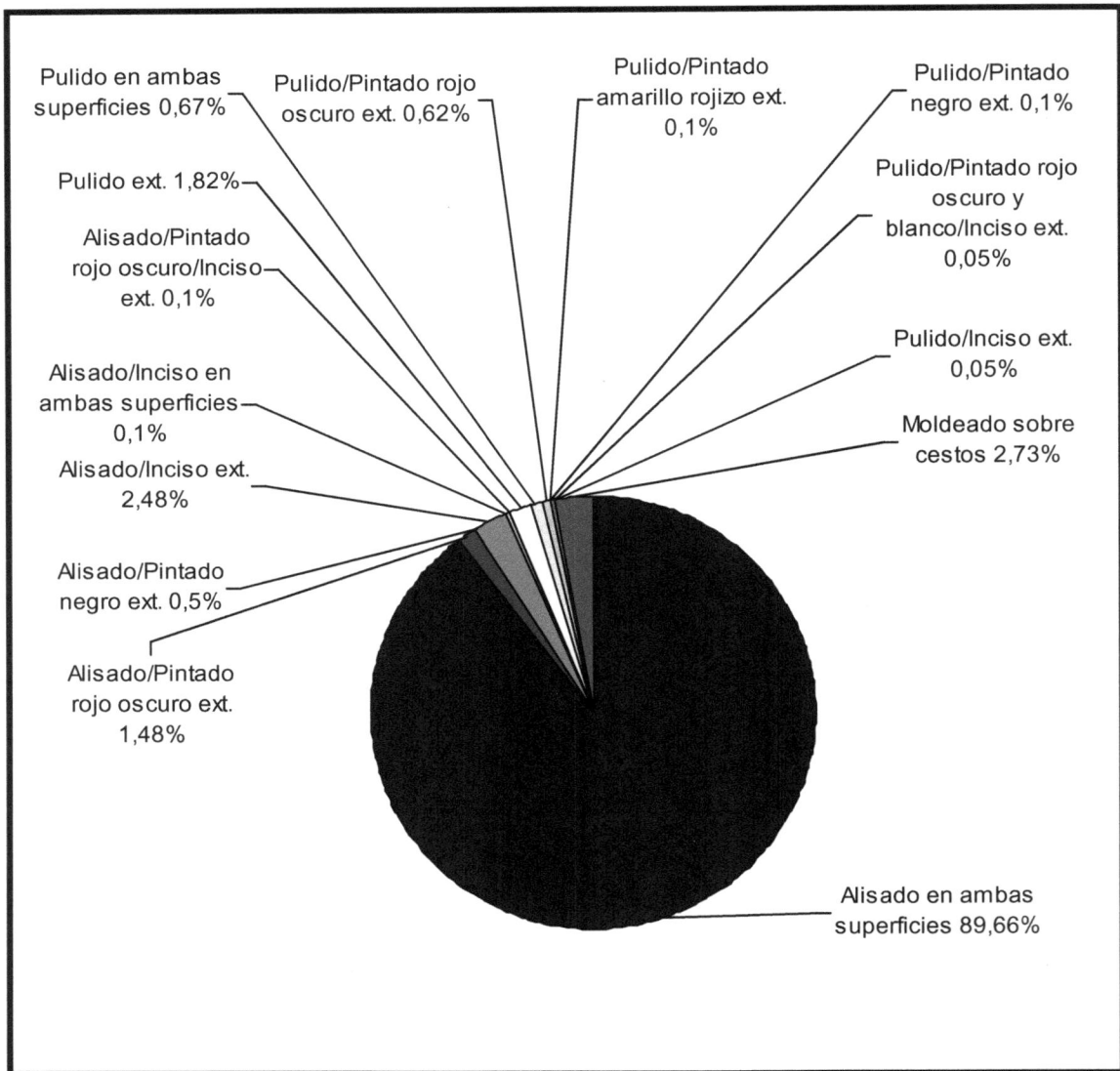

Pulido en ambas superficies 0,67%

Pulido/Pintado rojo oscuro ext. 0,62%

Pulido/Pintado amarillo rojizo ext. 0,1%

Pulido/Pintado negro ext. 0,1%

Pulido ext. 1,82%

Alisado/Pintado rojo oscuro/Inciso ext. 0,1%

Pulido/Pintado rojo oscuro y blanco/Inciso ext. 0,05%

Alisado/Inciso en ambas superficies 0,1%

Pulido/Inciso ext. 0,05%

Alisado/Inciso ext. 2,48%

Moldeado sobre cestos 2,73%

Alisado/Pintado negro ext. 0,5%

Alisado/Pintado rojo oscuro ext. 1,48%

Alisado en ambas superficies 89,66%

Gráfico 10.1. Porcentaje de submodos tecnológicos presentes en la región

Las formas que presentan técnicas especiales de decoración solo representan el 6.3%.

Estos resultados permiten sostener que salvo la forma no restringida de contorno simple, que se vincula al moldeado en cestas, no existen otras relaciones exclusivas, ya que cada modo tecnológico está presente en las distintas formas. Además, se pudo establecer que los decorados se agrupan en la forma restringida independiente de contorno inflexionado (50%) y en la no restringida de contorno simple (50%), estando completamente ausentes en la restringida simple y dependiente de contorno simple. Este panorama coincide con lo observado en los materiales reunidos en las investigaciones realizadas en el sector sur del valle de Punilla y descriptos por Pastor (2004 com. pers.).

La representatividad de los distintos tipos de vasijas, presentes en orden decreciente a partir de A.2 (17.5%), A.1 (14.2%), C.1 (12.6%), A.5 (11.1%) y B.3 (11.1%) son los predominantes para la región, mientras que C.3 (7.9%),

B.4 (6.3%), C.5 (4.8%), A.3 (3.2%) y B.1 (3.2%) se encuentran en proporciones intermedias. Con escasa frecuencia aparecen los tipos A.4 (1.6%), B.2 (1.6%), C.2 (1.6%), C.4 (1.6%) y C.6 (1.6%).

Entre las diferentes clases de tipos y modos tecnológicos fue posible distinguir algunas relaciones. Por ejemplo, el conjunto de vasijas que integran los tipos A.1, A.2, A.3, A.4, B.1, B.2, B.4, C.1, C.2, C.5 y C.6 se encuentran alisados y únicamente el C.4 se halla pulido. En tanto, los ejemplares pertenecientes a los tipos A.5, B.3 y C.3, indistintamente pueden presentarse alisados, pulidos o moldeados en cestos. Solo se pudo registrar la presencia de técnicas especiales de decoración en los tipos A.3, A.4, C.4 y C.6.

---

[1] El 13.8% restante corresponde a fragmentos que no pudieron ser clasificados, ya que el elevado grado de erosión y fragmentación que presentaban impidió su correcto análisis.

Submodos tecnológicos	Antiplástico			Cavidades		Textura	Fractura	Dureza	Espesor	Hollín	Sustancias orgánicas
	Tamaño	Distribución	Densidad	Tamaño	Densidad						
Alisado en ambas superficies	no uniforme/ grande 74.8%- medio 25.2%	irregular	media	mediano 19.7%- pequeño 80.3%	media	porosa	irregular	3	entre 4 y 7 mm	12,4 %	0,1%
Alisado/ Pintado rojo oscuro ext.	no uniforme/ grande 16.1%- pequeño 83.9%	irregular	media	pequeño	media	porosa	irregular	3	entre 4 y 6 mm		
Alisado/Pintado negro ext.	no uniforme/ pequeño	irregular	media	pequeño	media	laminar	irregular	3.5	7 mm		
Alisado/Inciso ext.	no uniforme/ grande 5.8%- mediano 38.5%- pequeño 55.8%	irregular	media	pequeño	media	porosa	irregular	3	entre 4 y 9 mm		
Alisado/Inciso en ambas supeficies	no uniforme/ pequeño	irregular	media	pequeño	media	porosa	irregular	3	entre 3.5 y 4 mm		
Alisado/Pintado rojo oscuro/inciso ext.	no uniforme/ pequeño	irregular	media	pequeño	media	porosa	irregular	3	entre 4 y 6 mm		
Pulido ext.	no uniforme/ grande 84.2%- mediano 15.8%	irregular	media 84.2%- baja 15.8%	pequeño	media 84.2%- baja 15.8%	porosa	irregular	3 15.8%- 3.5 68.4%- 4.5 15.8%	entre 3.5 y 7 mm		
Pulido en ambas superficies	no uniforme/ mediano 92.9%- pequeño 7.1%	irregular	baja	mediano 78.6%- pequeño 21.4%	baja	porosa 78.6%- laminar 21.4%	irregular	3 7.1%- 4.5 92.9%	entre 3.4 y 4.5 mm		
Pulido/Pintado rojo oscuro ext.	no uniforme/ grande 92.3%- pequeño 7.7%	irregular	media 92.3%- baja 7.7%	mediano 92.3%- pequeño 7.7%	media 92.3%- baja 7.7%	porosa 92.3%- laminar 7.7%	irregular	3	entre 4.5 y 7 mm		
Pulido/Pintado amarillo rojizo ext.	no uniforme/ grande	irregular	baja	pequeño	baja	laminar	irregular	3	7 mm		
Pulido/Pintado negro ext.	no uniforme/ pequeño	irregular	media	pequeño	media	porosa	irregular	3	6 mm		
Pulido/Pintado rojo oscuro y blanco/Inciso ext.	no uniforme/ pequeño	irregular	baja	pequeño	baja	laminar	irregular	3.5	4 mm		
Pulido/Inciso ext.	no uniforme/ pequeño	irregular	baja	pequeño	baja	laminar	irregular	3.5	5 mm		
Moldeado en cestos	no uniforme/ grande 92.1%- mediano 8.8%	irregular	media	pequeño 73.7%- mediano 26.3%	media	porosa	irregular	3	entre 1.3 y 8 mm		

Tabla 10.1. Características de los submodos tecnológicos

Submodos tecnológicos	Tipos de vasijas															
	Tipo A.1	Tipo A.2	Tipo A.3	Tipo A.4	Tipo A.5	Tipo B.1	Tipo B.2	Tipo B.3	Tipo B.4	Tipo C.1	Tipo C.2	Tipo C.3	Tipo C.4	Tipo C.5	Tipo C.6	Total
Alisado en ambas superficies	14.2%	17.4%	1.6%		9.5%	3.2%	1.6%	9.5%	6.3%	12.7%	1.6%	4.8%		4.8%		87.2%
Alisado/ Pintado rojo oscuro ext.			1.6%													1.6%
Alisado/ Pintado negro ext.																
Alisado/ Inciso ext.					1.6%											1.6%
Alisado/ Inciso en ambas superficies																
Alisado/ Pintado rojo oscuro/ Inciso ext.														1.6%		1.6%
Pulido ext.					1.6%							1.6%				3.2%
Pulido en ambas superficies								1.6%								1.6%
Pulido/ Pintado rojo oscuro ext.													1.6%			1.6%
Pulido/ Pintado amarillo rojizo ext.																
Pulido/ Pintado negro ext.																
Pulido/ Pintado rojo oscuro y blanco/ Inciso ext.																
Pulido/ Inciso ext.																
Moldeado en cestos												1.6%				1.6%
Total	14.2%	17.4%	3.2%	1.6%	11.1%	3.2%	1.6%	11.1%	6.3%	12.7%	1.6%	7.9%	1.6%	4.8%	1.6%	100%

Tabla 10.2. Relación entre submodos tecnológicos y tipos de vasijas

Sobre este último punto, resulta significativo señalar la ausencia de decoración en los tipos más comunes, tendencia que salvo unas pocas excepciones, persiste en los medianamente representados, situación que se revierte drásticamente en los menos usuales, donde su presencia alcanza cifras importantes.

Para el caso de la alfarería con impresiones de cestas (29 fragmentos y 1 recipiente parcialmente reconstruido, correspondiente al tipo C.3), se pudieron distinguir tres técnicas: coiled (50%), wrapped twined (31%) y twined work (3.4%)[1]. El predominio de la primera de ellas señala un marcado contraste con respecto a los resultados obtenidos en otros trabajos, que establecen para las regiones vecinas de Punilla, Soto y Cruz del Eje, una amplia difusión de la técnica denominada wrapped twined o falso espiralado (Argüello de Dorsch 1983; Figueroa y Pautassi 2000; Figueroa et al. 2004; Serrano 1945). Sin embargo, confirma en cierta medida la

Técnicas cesteras	Arroyo Tala Cañada 1	Río Yuspe 14	Río Yuspe 11	Arroyo Talainín 2	Total
Coiled	27.6%	6.9%	10.3%	6.9%	51.7%
Wrapped Twined			31%		31%
Twined Work			3.5%		3.5%
Inclasificables			3.5%	10.3%	13.8%
Total	27.6%	6.9%	48.3%	17.2%	100%

Tabla 10.3. Técnicas cesteras identificadas por sitio

observación realizada por Serrano (1945, 1958), quien consideró a la Provincia de Córdoba como un importante centro de cestería indígena, conjuntamente con la Sierra de los Llanos en La Rioja, Santiago del Estero y gran parte del Litoral.

Más allá de estas generalidades, debe mencionarse que el material cestero procedente de Río Yuspe 11 presenta particularidades que lo distinguen de Arroyo Tala Cañada 1, Río Yuspe 14 y Arroyo Talainín 2 (tabla 10.3). Las técnicas cesteras identificadas en Río Yuspe 11 se presentan sumamente diversas y con un claro predominio del wrapped twined (69.2%) en relación al coiled (23.1%) y al twined work (7.7%). Estos resultados se asemejan a los obtenidos para el valle de Punilla, donde el wapped twined es muy difundido, pero difiere de los demás sitios estudiados, donde la única técnica registrada es el coiled.

En Río Yuspe 11 se recuperó también un fragmento con impresiones de cestas y redes, siendo excepcional para la zona estudiada. La red empleada como molde corresponde al tipo «anudada de malla romboidal», mientras que debido al grado de erosión en que se encuentra el fragmento fue imposible distinguir la técnica cestera utilizada. Igualmente, resulta llamativo que la mitad del material con impresiones de cestas procedente de los cuatro sitios, fue recuperado solamente en Río Yuspe 11.

El análisis de los fragmentos que presentan técnicas especiales de decoración permitió establecer que su presencia en la región alcanza una frecuencia poco significativa (1.4%) en comparación con sectores aledaños, como el valle de Punilla (Argüello de Dorsch 1983; Pastor com. pers. 2004).

La técnica decorativa utilizada con mayor frecuencia consistió en la aplicación de pintura en la superficie exterior, alcanzando el 55.7% en relación con otras técnicas empleadas, considerando globalmente los cuatro sitios que se analizaron. Dentro de este conjunto un 89.8% presenta una capa de pintura de color rojo oscuro, pudiéndose citar a modo de ejemplo una olla esférica y un plato cónico correspondientes a los tipos A.3 y C.4, respectivamente. En una proporción inferior

se registraron fragmentos pintados de color negro (6.1%) y amarillo rojizo (4.1%).

Otra de las técnicas empleadas fue la decoración por incisiones, que se basa en la utilización de un instrumento que produce el desplazamiento de la materia cuando la pasta aún se conserva blanda (40.9%). En este caso los diseños se encuentran preferentemente sobre la superficie exterior (94.4%), aunque en menor medida también se han identificado en ambas caras (5.6%).

Los diseños siempre resultan de la ejecución aislada o en conjunto de líneas y puntos. De esta forma, las líneas simples, dobles, triples o quíntuples se combinan creando triángulos, zig-zag y líneas quebradas. Los triángulos generalmente se encuentran vacíos en su interior (83.3%), mientras que solo un pequeño número presenta líneas cortas o puntos como relleno (16.7%). En cuanto a las líneas quebradas fue prácticamente imposible distinguir qué tipos de motivos conformaron, ya que las reducidas dimensiones de los fragmentos constituyen un sesgo difícil de sortear. Sin embargo, atendiendo a la bibliografía regional y al material proveniente de otros sitios, se puede suponer que se trata de rectángulos, cuadrados o escalonados. Se pudo constatar, además, que el punteado nunca conformó figuras, sino que fue empleado como relleno de motivos lineales. Bajo esta técnica se encuentra decorado un cántaro ovaloide invertido, correspondiente al tipo A.4. Un fragmento con incisiones de surcos con presiones rítmicas recuperado en Río Yuspe 11, resulta excepcional no solo para el sitio sino también para la región, ya que esta técnica es común en las planicies del este de la provincia, pero decididamente excepcional en las sierras.

La última técnica decorativa registrada resulta de la combinación de las dos anteriores y tiene la particularidad de ser la menos difundida en los sitios estudiados (3.4%). Dos de los tres tiestos decorados con esta técnica exhiben motivos incisos constituidos por puntos, líneas simples y quebradas asociadas a una capa de pintura de color rojo oscuro que se distribuye sobre la totalidad de la superficie exterior. Pertenece a este grupo un vaso cilíndrico, correspondiente al tipo C.6. El fragmento restante también presenta la superficie externa pintada de color rojo oscuro, pero a diferencia de los anteriores el motivo inciso lineal se encuentra pintado de color blanco.

Resumiendo, se puede afirmar que estos resultados presentan una gran similitud a los obtenidos por otros investigadores que trabajaron en el sector central de las Sierras Centrales (Argüello de Dorsch 1983; Berberián 1984; Berberián et al. 1998; Berberián y Roldán 2001; Marcellino et al.1967; Nielsen y Roldán 1991; Pastor 1996; Rivero 2001; Serrano 1945, 1958).

No obstante lo señalado, puede considerarse a manera de excepción, las diferencias reconocidas entre el material procedente de la región bajo estudio y el del valle de Punilla.

En este sentido, el material cerámico con decoración incisa procedente del valle de Salsacate presenta una marcada tendencia a no rellenar con presiones puntiformes o líneas cortadas los espacios delimitados por trazos lineales (92.5%). Esta situación es distinta a lo que sucede en el valle de Punilla, donde predominan los motivos rellenos. Solamente el sitio Río Yuspe 14 exhibe similitudes con el patrón del valle de Punilla, ya que la única vasija incisa que se logró reconstruir exhibe una guarda de triángulos rellenos con líneas cortas.

Otra diferencia la constituye la cantidad de fragmentos recuperados con técnicas especiales de decoración. Como se ha señalado anteriormente, en el valle de Salsacate y pampas de altura adyacentes su presencia es escasa, mientras que en Punilla alcanza una mayor proporción.

Para concluir, se debe señalar que la escasa muestra disponible y su estado fragmentario obstaculizaron caracterizar con absoluta precisión los diseños presentes, como así también sus formas de asociación, uso del espacio plástico y relación con la forma y función de las vasijas.

A pesar de ello, las evidencias disponibles posibilitaron delinear de forma aproximada algunas de las características que asumió la producción cerámica con técnicas especiales de decoración. Se pudo así determinar, que si bien su presencia es poco significativa con respecto al total de la muestra analizada, presenta la peculiaridad de ser sumamente homogénea, en cuanto a cantidad y combinación de técnicas y motivos utilizados.

Teniendo en cuenta estas particularidades y siguiendo los lineamientos explicitados en el capitulo 2, los cuales consideran al estilo como un importante elemento de transmisión de información (Braun 1983; Braun y Plog 1982; Conkey 1990; Rice 1987; Wobst 1977), se puede postular que la decoración de los artefactos cerámicos procedentes del valle de Salsacate, o bien formó parte de un código compartido, el cual lejos de marcar distinciones, señaló la existencia de una cohesión entre los distintos grupos que habitaron la zona bajo estudio, o bien no fue seleccionada como un vehículo de transmisión de información. En caso de que la primera hipótesis sea correcta, habría que especificar que no puede ser aplicada a escala inter-regional, ya que la desemejanza del material procedente del valle de Salcacate con respecto al de Punilla, podría estar vinculada al establecimiento de diferenciaciones entre los grupos que habitaron ambos valles.

Un panorama diferente se observa en los sitios de altura, ya que como se señaló anteriormente, en Río Yuspe 14 y Río Yuspe 11 el material decorado se presenta con características diferentes a los del valle de Salsacate, pero muy similares a los reconocidos para otras regiones, especialmente Punilla y la llanura oriental.

A modo de evaluación final, resulta significativo afirmar que mediante el estudio integral de los aspectos tecnológicos, estilísticos y morfológicos, se pudo establecer que entre las comunidades productoras de alimentos que habitaron el valle de Salsacate y pampas de alturas adyacentes, la cerámica fue confeccionada de manera sumaria, reflejando seguramente una producción no especializada y a escala doméstica. Estos lineamientos son en principio coherentes con la información derivada de la documentación etnohistórica y arqueológica para la región, que señala que la población aborigen se organizaba en pequeñas comunidades agrícolas, económica y políticamente autónomas (Berberián 1999; Berberián y Roldán 2001; Bixio y Berberian 1984; González Navarro 1999; Laguens 1999; Piana de Cuestas 1992).

10.1.2 Consideraciones funcionales

Tal como fue expresado en los capítulos 2 y 5, la clasificación funcional de las vasijas fue enfocada teniendo en cuenta los siguientes criterios de análisis: a) características de perfomance y de diseño derivadas de las particularidades morfológicas y tecnológicas de los contenedores, b) huellas de utilización y c) expectativas surgidas de investigaciones etnoarqueológicas y experimentales (Aparicio 1928; Arnold et al. 1991; Blitz 1993; Braun 1983; Bronitsky y Hamer 1986; Cremonte 1988; De Boer 1974; De Boer y Lathrap 1979; García 1988; Gómez Otero et al. 1996; Hally 1986; Henrickson y McDonald 1983; Lumbreras 1983, 1984a, 1984b; Menacho 2001; Nelson 1981; Orton et al. 1997; Pastor 1999; Pratt 1999; Rice 1987; Schiffer y Skibo 1987; Yacobacio et al.1998; Zedeño 1985).

El principal interrogante que se intentó resolver fue, ¿para que servían? o dicho de otra manera, ¿cuál fue la razón por la que estos artefactos fueron construidos? Este punto es considerado de gran importancia, ya que se partió de la premisa de que casi todas las vasijas fueron confeccionadas para cumplir una función determinada. Así, principalmente, su funcionalidad habría tenido lugar en tres amplias esferas: procesamiento, almacenamiento y transporte.

Atributos tecnológicos y morfológicos		Procesamiento Tipos A.1, A.2, B.1	Almacenamiento Tipos A.4, A.5, B.3	Transporte (servir) Tipos B.4, C.1, C.2, C.3, C.4, C.5	Funcionalidad indeterminada Tipos A.3, B.2, C.6
Cantidad de vasijas		22	15	22	4
Antiplástico	Composición	mica plateada y dorada, cuarzo y feldespato	mica plateada y dorada, cuarzo y feldespato	mica plateada y dorada, cuarzo y feldespato	mica plateada y dorada, cuarzo y feldespato
	Tamaño	no uniforme/ grande 81.2%- mediano 18.8%	no uniforme/ grande 86.7%- mediano 13.3%	no uniforme/ grande 77.2%- mediano 22.7%	no uniforme/ grande 50%- pequeño 50%
	Distribución	irregular	irregular	irregular	irregular
	Densidad	media	media	media	media
Cavidades	Formas	amorfas, alargadas y circulares	amorfas, alargadas y circulares	amorfas, alargadas y circulares	amorfas, alargadas y circulares
	Tamaño	mediano 9.1%- pequeño 90.9%	pequeño	mediano 4.5%- pequeño 95.5 %	pequeño
	Densidad	media	media 93.3%- baja 6.7 %	media	media
Espesor de pared		entre 4 y 8 mm.	entre 4 y 8 mm.	entre 2 y 7 mm.	entre 5 y 7 mm
Tratamiento de superficie		alisado	alisado 86.7%- pulido ext. 6.7%- pulido en ambas superficies 6.7%	alisado 86.4%- pulido ext. 9.1%- modelado en cestos 4.5%	alisado
Formas		*restringida independiente contorno inflexionado 90.9% (esférica)- *restringida simple contorno simple 9.1% (esférica)	*restringida independiente contorno inflexionado 53.3% (ovaloide invertido 6.6%- ovaliode erecto 46.7%)- *restringida simple contorno simple 46.7% (elipsoidal con eje longitudinal horizontal)	*restringida simple contorno simple 18.2% (ovaloide invertido)- *no restringida contorno simple 81.8% (hemisférico 36.4%- elipsoidal con eje longitudinal horizontal 22.7%- cónico 22.7%)	*restringida independiente contorno inflexionado 50%- *restringida simple contorno simple 25% (esférica 75%)- *no restringida contorno simple 25% (cilíndrico)
Diámetro de boca		entre 13 y 21 cm	entre 7 y 25 cm	entre 9 y 30 cm	entre 5 y 10 cm
Técnicas especiales de decoración		---------	incisiones ext. 6.7%	pintura rojo oscuro ext. 4.5%	pintado rojo oscuro ext. 25%- pintado rojo oscuro/ Inciso ext. 25%

Tabla 10.4. Características tecnológicas y morfológicas según la funcionalidad asignada a los distintos tipos de recipientes

Procesamiento

El conjunto de vasijas correspondientes a los tipos A.1, A.2 y B.1, habrían sido empleadas para la cocción de alimentos (tabla 10.4). Las siguientes características de perfomance mecánica y de diseño indican este uso:

* La forma globular facilita una buena circulación del aire caliente y aumenta la resistencia al estrés térmico.
* La boca restringida evita la pérdida de calor y la evaporación de los contenidos. Además, confiere seguridad de contención evitando el derrame.
* El diámetro mediano de la boca permite un fácil acceso a los contenidos y la utilización de utensilios para su correcta manipulación.
* Las paredes finas favorecen la conducción del calor y aumentan la resistencia al estrés térmico. Asimismo, facilitan una rápida cocción de los alimentos, empleando menor cantidad de combustible.
* El antiplástico compuesto por minerales otorga una buena resistencia a la abrasión, al impacto y favorece una correcta conducción del calor. Su tamaño no uniforme y distribución irregular ayudan a mitigar la propagación de las fisuras.
*El reducido tamaño de las cavidades y su presencia discreta confieren impermeabilidad y resistencia al shock térmico. Su distribución irregular mitiga la propagación de fisuras.
*El alisado de las superficies favorece la impermeabilidad, ayudando a disminuir la evaporación de los contenidos.

Almacenamiento

Los contenedores pertenecientes a los tipos A.4, A.5 y B.3 se habrían utilizado en el almacenamiento de elementos líquidos y/o sólidos (tabla 10.4). Esta hipótesis se basa en las siguientes características de perfomance mecánica y de diseño:
* La forma alargada, en la que prevalece la altura por sobre el diámetro máximo, posibilita una eficiente utilización del espacio. Asimismo, imposibilita una buena absorción del calor, confiriendo menor resistencia al shock térmico.
*La boca restringida otorga seguridad de contención, evitando el derrame de los contenidos y disminuyendo la evaporación de los líquidos.
*El antiplástico constituido por minerales genera resistencia a la abrasión y al impacto. El tamaño no uniforme y la distribución irregular mitigan la propagación de fisuras.
*El tamaño pequeño de las cavidades y su baja presencia confieren impermeabilidad. Además, su distribución irregular ayuda a mitigar la propagación de fisuras.
* Las superficies pulidas y alisadas favorecen la impermeabilidad.

Más allá de estas características comunes, fue posible distinguir un conjunto de especificidades inherentes a cada uno de los tipos identificados y que tienen estrecha relación con aspectos funcionales.

En primer lugar, los atributos correspondientes a los contenedores que integran el tipo A.5, tales como contorno globular, cuello largo y angosto, boca restringida y tamaño reducido, indicarían que fueron empleados para el almacenamiento de materiales líquidos por un lapso breve y para la transferencia de contenidos

(Henrickson y McDonald 1983; Rice 1987).

En segundo término, se pudo constatar que las vasijas correspondientes a los tipos A.4 y B.3 se presentan con un diámetro de boca considerable. De acuerdo a los criterios propuestos por Blitz (1993) y Hally (1986), se puede sugerir que habrían alcanzado un gran porte, siendo aptas para el almacenamiento de importantes cantidades de elementos sólidos y/o líquidos por largo tiempo e ineficaces para su traslado (Hally 1986; Henrickson y McDonald 1983; Rice 1987).

Transporte (para servir)

El grupo de vasijas constituido por los tipos B.4, C.1, C.2, C.3, C.4 y C.5 habrían sido empleadas para servir y consumir alimentos (tabla 10.4). Las siguientes características de performance y diseño las hacen propicias para este fin:
* La boca no restringida y la escasa profundidad posibilitan una buena accesibilidad y visibilidad de los contenidos. Además, estas características facilitan el empleo de utensilios para su manipulación.
 * Las paredes finas mejoran la resistencia al shock térmico y reducen sustancialmente el peso de las vasijas, favoreciendo su fácil traslado.
* El antiplástico compuesto por minerales otorga una buena resistencia a la abrasión y al impacto. El tamaño no uniforme y la distribución irregular mitigan la propagación de fisuras.
* La distribución irregular de las cavidades evitan la propagación de fisuras.
* Las superficies pulidas y alisadas confieren impermeabilidad.

Interrogantes derivados de la clasificación funcional

El análisis funcional de los recipientes generó varios interrogantes que no pudieron ser respondidos de forma totalmente satisfactoria. Sin embargo, es factible plantear algunas consideraciones de carácter preliminar.

Para tratar de explicar la presencia de técnicas especiales de decoración en los tipos A.4 y C.4, se acudió a los lineamientos derivados de trabajos etnográficos y etnoarqueológicos, que relacionan la transmisión de información con la decoración de determinadas vasijas (Henrickson y McDonald 1983; Rice 1987). De este modo, se puede inferir que el ejemplar recuperado en Arroyo Tala Cañada 1, empleado para servir y consumir alimentos (C.4), fue decorado debido a su utilización cotidiana, alta visibilidad y exposición, características que seguramente lo convirtieron en un buen vehículo para transferir información. Algo similar pudo ocurrir en Río Yuspe 14, con el único recipiente destinado al almacenamiento (A.4).

Resulta también sugestiva la presencia de un grupo de recipientes que presentan diámetro de boca y tamaño reducido (A.3, B.2 y C.6), ya que fue imposible asignarles alguna función concreta. No obstante, se puede hipotetizar que fueron empleados con fines extraculinarios o para almacenar algún tipo de material diferente a los contenidos en las vasijas de mayor porte. Además, la presencia de técnicas decorativas en dos de ellos (A.3 y C.6), podría estar relacionada con estas funcionalidades.

El último interrogante, se vincula con la potencialidad de las evidencias directas para la determinación de la funcionalidad de las vasijas, como es el caso de las huellas de uso. En este aspecto, solo fue posible identificar vestigios de hollín en un reducido conjunto de vasijas que se caracterizan por ser morfológica y funcionalmente diferentes (A.1, A.2, B.3, B.4, C.1 y C.3). Lamentablemente, estas evidencias no fueron contempladas debido a que la mayoría de los ejemplares fueron recuperados en áreas de combustión.

10.2 Análisis particularizado por sitios

En esta sección se lleva a cabo un análisis comparativo de las formas y tamaños de las vasijas provenientes de Arroyo Tala Cañada 1, Río Yuspe 14, Arroyo Talainín 2 y Río Yuspe 11. El objetivo es identificar similitudes y diferencias que puedan ser potencialmente indicativas de los aspectos funcionales de las ocupaciones. Estos elementos se suman a otros resultados ya obtenidos del análisis de otras líneas de evidencia (conjuntos líticos, arqueofaunísticos, etc.).

10.2.1 Arroyo Tala Cañada 1

Tal como fue expuesto en el capítulo 4, este sitio se emplaza en un pequeño fondo de valle delimitado por lomadas bajas. Estas condiciones de emplazamiento, unidas a las evidencias recuperadas producto de recolecciones superficiales y excavaciones estratigráficas, condujeron a plantear que Arroyo Tala Cañada 1 constituyó una base residencial de uso permanente, de características similares a las reconocidas en el sitio Potrero de Garay (Berberián 1984).

Las excavaciones realizadas permitieron reconocer dos áreas que informan sobre aspectos de la estructuración de los sitios de este tipo. En un espacio excavado de 4 m² se ubicó un piso consolidado, asociado a pequeñas depresiones semicirculares y diferentes restos que se interpretan como desecho de *facto*. A pesar de la reducida superficie excavada, se plantea la posibilidad de que esta área corresponda a una unidad habitacional (Pastor com. pers. 2003). En otra área excavada de 10 m² se localizó una estructura conformada por camellones y surcos, de características idénticas a las actuales chacras de maíz, con abundante material arqueológico asociado. Teniendo en cuenta la morfología de esta estructura, su orientación transversal a la pendiente y el hallazgo de interesantes restos asociados -entre ellos semillas carbonizadas de porotos (*Phaseolus sp.*)-, se plantea que el área corresponde a un pequeño espacio productivo dentro del sitio residencial (Pastor com. pers. 2003).

La producción y uso de instrumentos líticos presenta elementos comunes con la registrada en otros sitios de la región. En este sentido, se ha observado que los conjuntos líticos tardíos, provenientes de sitios de funcionalidad diversa, exhiben escasa variabilidad en cuanto a las actividades de talla y al tipo de instrumentos empleados y descartados en cada caso. Sin embargo, algunas características del conjunto lítico de Arroyo Tala Cañada 1 pueden tener relación con el tipo de uso de que fue objeto el sitio. Entre ellas se pueden mencionar 1) el empleo predominante de rocas locales, incluso de algunas variedades específicas de la microrregión; 2) el uso excepcional de rocas no locales, las cuales están totalmente ausentes en sitios de propósitos especiales del valle; y 3) en cuanto a los artefactos, el sitio presenta el mayor rango de grupos tipológicos, incluyendo algunos normalmente ausentes en sitios de propósitos especiales (v.g. perforadores, puntas de proyectil pedunculadas).

El conjunto arqueofaunístico indica que Arroyo Tala Cañada 1 fue un importante *locus* de procesamiento y consumo de recursos faunísticos. Los taxones representados incluyen elementos propios de la fauna del entorno -corzuelas (*Mazama guazoubira.*), quirquinchos (*Chaetophractus villosus*), maras (*Dolichotis patagonum*), cuises (*Caviinae*)-, que debieron cazarse en los alrededores, así como especies de los pastizales de altura -camélidos (*Lama sp.*), venados de las pampas (*Ozotoceros bezoarticus*), ñandúes (*Rheidae sp.*)-, cuya presencia indica actividades pastoriles y de caza efectuadas en esas zonas, distantes más de 10 kilómetros en línea recta.

El análisis ceramológico, llevado a cabo en el presente trabajo, permitió identificar un elevado número de recipientes que se caracterizan por exhibir una gran diversidad morfo-funcional, como así también un amplio rango de tamaños (gráficos 10.2 y 10.3). Estas particularidades indican la existencia de esferas funcionales diferenciadas, caracterizadas por posibles variaciones en cuanto al número de participantes implicados en el uso de las vasijas. En este sentido, las ollas, pucos y platos de tamaño pequeño-mediano habrían sido empleados preferentemente en escala doméstica, mientras que los de mayores dimensiones habrían participado en actividades a escala extradomestica (Blitz 1993; De Boer 1974; De Boer y Lathrap 1979; García 1988; Hally 1986; Menacho 2001; Nelson 1981). Esta marcada diversidad es en principio coherente con el carácter multipropósito propuesto para la ocupación, ya que la realización de tareas en estas dos escalas es esperable en un sitio residencial.

10.2.2 Río Yuspe 14

De acuerdo a las características estructurales del sitio, a sus condiciones de emplazamiento y al análisis de los

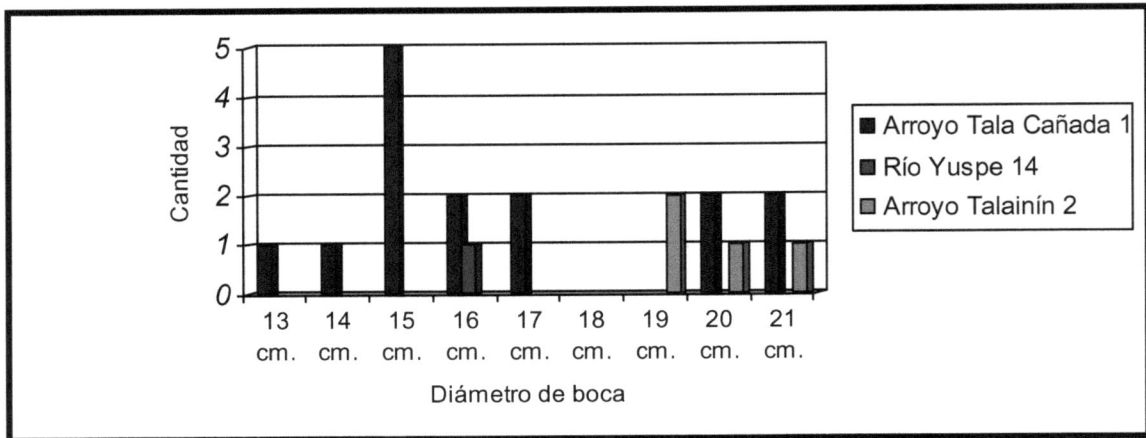

Gráfico 10.2. Relación entre diámetro de boca y recipientes destinados al procesamiento

materiales recuperados mediante recolecciones superficiales y excavaciones estratigráficas, se ha planteado que Río Yuspe 14 fue objeto de un uso residencial estacional o semi-permanente, efectuado por parte de un número limitado de individuos. Esta ocupación residencial en los pastizales de altura ha sido relacionada con la existencia de un sistema de dispersión estacional de los ocupantes de poblados o con la de un sistema pastoril instalado en ese ambiente (Pastor 2002; com. pers. 2004).

En este aspecto, algunas de las evidencias recuperadas contrastan con las de otros sitios de características superficiales similares (v.g. La Hoyada 4 y 6), considerados bases de operaciones insertas en un sistema de movilidad logística (Berberián y Roldán 2001; Rivero 2001; Roldán 1999). Entre ellas se pueden señalar: 1) una marcada estructuración del espacio habitacional, con áreas de actividad dispuestas en torno a un fogón central; 2) empleo exclusivo de rocas locales, contrastante con la situación registrada en La Hoyada 4 y 6, donde los equipos de caza incluyeron elementos confeccionados en rocas no locales; y 3) el registro de actividades regulares de procesamiento y consumo de recursos faunísticos, casi inexistentes en las bases de operaciones. Estos últimos restos indican el aprovechamiento de grandes mamíferos propios del ambiente serrano de altura –camélidos *(Lama sp.)*, venados de las pampas *(Ozotoceros bezoarticus)*-, de pequeños vertebrados obtenibles en las proximidades – cuises *(Caviinae)*, quirquinchos *(Chaetophractus villosus)*, aves pequeñas-, así como la recolección de huevos de ñandú *(Rheidae sp.)*.

A partir del estudio del material cerámico, realizado en esta investigación, se pudo identificar la presencia de un limitado grupo de piezas correspondientes a platos, pucos y ollas de medianas dimensiones (gráficos 10.2 y

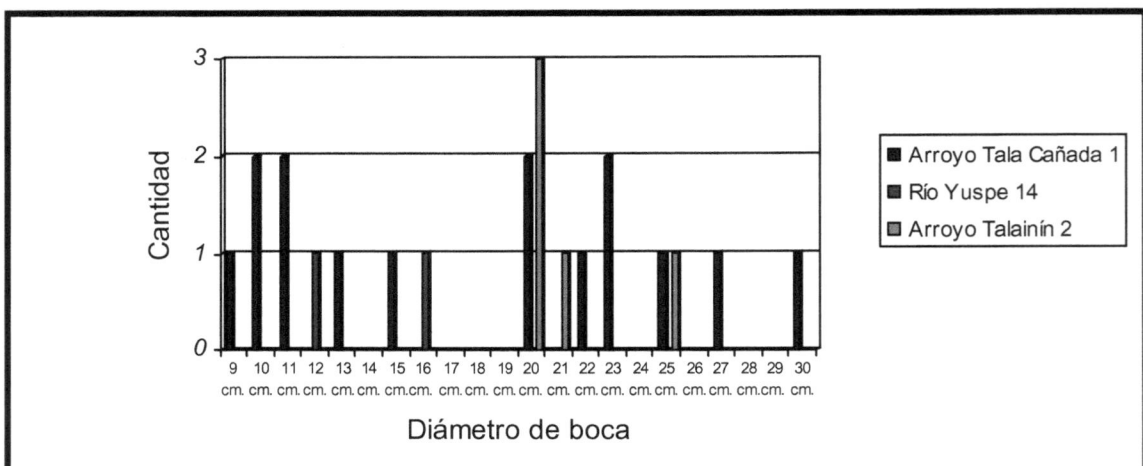

Gráfico 10.3. Relación entre diámetro de boca y recipientes destinados al transporte (servir)

10.3), los cuales posiblemente habrían sido empleados en tareas vinculadas al procesamiento y consumo de alimentos a escala doméstica o llevadas a cabo por un número limitado de individuos (Blitz 1993; De Boer 1974; De Boer y Lathrap 1979; García 1988; Hally 1986; Menacho 2001; Nelson 1981).

10.2.3 Río Yuspe 11 y Arroyo Talainín 2

Estos sitios ocupan grandes abrigos rocosos y extensos taludes exteriores, en emplazamientos altamente visibles que a la vez disponen de buena visibilidad. Las abundantes evidencias obtenidas producto de recolecciones superficiales y excavaciones, fundamentalmente numerosos instrumentos de molienda fijos, así como restos faunísticos, cerámicos y líticos llevaron a plantear que funcionaron como *locus* de procesamiento y consumo a escala extra-doméstica (Pastor 2004).

En estos sitios se recuperaron los mayores conjuntos arqueofaunísticos disponibles para el análisis de la subsistencia en el período prehispánico tardío de las Sierras de Córdoba (Pastor com. pers. 2003). La gran abundancia de estos restos (11000 especímenes en 2 m^3 en el caso de Arroyo Talainín 2), al igual que el elevado número de instrumentos de molienda, señalan la importancia de las actividades de procesamiento y consumo efectuadas en ambos sitios. Como en el caso de Arroyo Tala Cañada 1, en Arroyo Talainín 2 se consumió una importante diversidad de especies animales, tanto de los ambientes chaqueños como provenientes de los pastizales de altura. Por el contrario, en Río Yuspe 11 sólo se consumieron especies propias de los ambientes de altura. Un elemento que se destaca, para el caso de Arroyo Talainín 2, es el elevadísimo consumo de huevos de ñandú *(Rheidae sp.)*, claramente contrastante con lo observado en otros sitios de la región. Sobre 11043 especímenes recuperados, 2884 corresponden a fragmentos de cáscaras (26.12%). Por el contrario, y a modo de ejemplo, en Arroyo Tala Cañada 1 se registraron 13 fragmentos sobre un total de 1794 especímenes (0.72%), mientras que en Río Yuspe 11 se obtuvieron nueve fragmentos sobre 2753 especímenes (0.33%). El consumo de huevos en Arroyo Talainín 2 escapa a los patrones regulares de aprovechamiento del recurso, y puede indicar alguna significación particular otorgada al mismo en el contexto de estas ocupaciones.

Como se mencionó oportunamente, la producción y uso de instrumentos líticos es un elemento que exhibe escasa variabilidad entre los casos estudiados (Pastor com. pers. 2004). Existen, no obstante, algunos elementos que son interesantes de destacar, ya que potencialmente pueden resultar indicativos de las escalas de interacción intergrupal desarrolladas en cada sitio. Todas las materias primas empleadas en Arroyo Talainín 2 provienen del Valle de Salsacate, a menos de 10 km de distancia del sitio. La única excepción la constituyen algunos desechos de cuarzo hialino, provenientes de la zona de pampas de altura. Por el contrario, en Río Yuspe 11 se suman a los recursos locales algunos desechos e instrumentos en rocas no locales -ópalo y brecha-. La primera proviene del norte de la provincia, a más de 120 km del sitio. Esta roca se usó con cierta regularidad en el sur del Valle de Punilla y ha sido, con seguridad, el lugar desde donde ingresó al sitio. La brecha está disponible en el occidente del Valle de Salsacate, a unos 40 km de distancia de Río Yuspe 11. De acuerdo a estos datos, puede suponerse que los ocupantes de este sitio provinieron de diferentes valles serranos, relativamente alejados entre sí, situación coherente con la ausencia de grandes sitios residenciales en las proximidades. Arroyo Talainín 2 pudo ser ocupado por individuos provenientes de diferentes poblados dentro del extenso Valle de Salsacate (Pastor 2004).

Con respecto al material cerámico se debe aclarar, en primera instancia, que se prescindió en el análisis comparativo al sitio Río Yuspe 11, ya que la reducida muestra recuperada impidió reconocer adecuadamente las formas y tamaños de los recipientes empleados.

Por el contrario, en Arroyo Talainín 2 el presente trabajo permitió identificar una marcada tendencia a la presencia de ollas, pucos y platos de gran tamaño (gráfico 10.2 y 10.3). Estas evidencias sugieren que las actividades relacionadas al procesamiento y consumo de alimentos fueron realizadas a escala extradomestica, con participación de numerosos individuos (Blitz 1993; De Boer 1974; De Boer y Lathrap 1979; García 1988; Hally 1986; Menacho 2001; Nelson 1981).

10.2.4 Consideraciones finales del análisis particularizado por sitios

Mediante este análisis se pudo observar que la diferencia de tamaño en algunos contenedores morfológicamente similares tendría estrecha relación con unidades de consumo diferenciadas (i.e. limitada cantidad de individuos *versus* conjunto numeroso de individuos). En este sentido, se podría sugerir que los platos y pucos de reducidas dimensiones habrían sido destinados a servir porciones individuales de alimentos, mientras que los de mayor porte pudieron emplearse para servir porciones colectivas. Algo semejante pudo ocurrir con las ollas, utilizadas para el procesamiento de alimentos. En este caso, las desigualdades de tamaño estarían asociadas a la cantidad de alimento preparado, lo cual indicaría el contexto de uso en el que estuvieron involucradas (doméstico o extradoméstico).

Para finalizar, es necesario apuntar que la muestra analizada es pequeña y heterogénea en cuanto a sus condiciones de representatividad, como para demostrar de manera concluyente este punto. Por ejemplo, se omitió el análisis comparativo de las piezas destinadas al almacenamiento, debido a su ausencia en Arroyo Talainín 2 y Río Yuspe 11. De igual modo, se prescindió de un grupo de vasijas que se caracterizan por sus reducidas dimensiones, ya que fue imposible avanzar sobre sus aspectos funcionales concretos. Sin embargo, y a pesar de estos inconvenientes, se puede afirmar que los resultados derivados de este trabajo, integrados a los obtenidos por medio del estudio de otras evidencias arqueológicas, contribuyeron a definir el perfil funcional de los sitios y a aproximarse a una mejor comprensión del significado conductual de la variabilidad intersitio registrada en el área de estudio.

CAPÍTULO 11
CONCLUSIONES FINALES

El desarrollo de la investigación estuvo guiado por dos objetivos generales: 1) estudiar la totalidad del registro artefactual cerámico de las comunidades productoras de alimentos que habitaron la zona, con el propósito de identificar pautas tecnológicas, morfológicas y estilísticas; y 2) analizar comparativamente los conjuntos ceramológicos procedentes de los sitios Arroyo Tala Cañada 1, Río Yuspe 14, Río Yuspe 11 y Arroyo Talainín 2, con la intención de distinguir similitudes y diferencias, potencialmente relacionadas con aspectos funcionales de las ocupaciones.

El análisis integral realizado sobre el conjunto cerámico procedente de los cuatro sitios, posibilitó delinear algunas de las características que asumió la producción cerámica en el Valle de Salsacate y pampas de altura adyacentes.

En este sentido, se determinó que los atributos tecnológicos inherentes a la cerámica de esta región (i.e. manufactura, cocción, pasta, grosor de pared y acabado de superficie) no difieren de forma alguna a los reconocidos y documentados en trabajos de la especialidad, para otros sectores de las Sierras Centrales.

Una situación similar ha sido comprobada en lo que respecta a la morfología de las vasijas, ya que todas corresponden, aunque en algunos casos con leves modificaciones, a formas previamente señaladas para zonas aledañas. La gran mayoría pertenece al modo tecnológico alisado y en menor proporción al pulido, mientras que sólo una al moldeado en cestas. Teniendo en cuenta estas características, se puede afirmar que salvo las destinadas al procesamiento y cocción de sustancias alimenticias (A.1, A.2 y B.1), las cuales se encuentran siempre alisadas, y una asignada a servir y transportar pequeñas porciones de alimentos sólidos y/o líquidos, que presenta impresiones de cestas (C.3), no fue posible establecer otra relación exclusiva entre esfera funcional y modos tecnológicos. Finalmente, se pudo observar que la representatividad de las piezas que evidencian técnicas especiales de decoración (i.e. pintura, incisiones y pintura/ incisiones) es sumamente baja, estando reservada únicamente para los tipos que se presentan con menor asiduidad (A.3, A.4, C.4 y C.6).

El análisis de los fragmentos que presentan impresiones en negativo de cestas y redes, permitió reconocer que exhiben diferencias sustanciales en cuanto a las distintas técnicas cesteras o de redes utilizadas. Los materiales provenientes de Arroyo Tala Cañada 1, Arroyo Talainín 2 y Río Yuspe 14 muestran un fuerte predominio de la técnica cestera coiled. Esta situación difiere de lo que sucede en Río Yuspe 11, ya que los artefactos recuperados tienen la particularidad de ser más numerosos y variados en cuanto a las técnicas empleadas, prevaleciendo el wrapped twined, técnica ampliamente difundida en el Valle de Punilla.

En lo que atañe a las técnicas especiales de decoración, su presencia alcanza una frecuencia muy baja en la zona, siendo además sumamente homogénea en lo que respecta a la cantidad y combinación de técnicas y motivos empleados. Sobre este aspecto, es posible señalar que dentro del grupo de técnicas identificadas en los cuatro sitios se encuentran la pintura y la incisión, mientras que la combinación de ambas sólo fue registrada en Arroyo Tala Cañada 1.

Más allá de este panorama, resulta sugerente la existencia de una serie de particularidades que diferencian al material proveniente del Valle de Salsacate con respecto al de las pampas de altura. En primer lugar, en Arroyo Tala Cañada 1 y Arroyo Talainín 2, los fragmentos con motivos incisos constituidos por triángulos o rectángulos generalmente se encuentran vacíos en su interior. Por el contrario, en Río Yuspe 14 se encuentran rellenos por líneas cortas, lo cual los asemeja a los provenientes de la vecina región de Punilla. Además, el único fragmento decorado que fue posible recuperar en Río Yuspe 11, corresponde a un borde que presenta incisiones de surcos con presiones rítmicas, técnica muy poco común en Sierras Centrales, pero no así para el Este y Noreste de la llanura cordobesa.

De este modo, se puede argumentar que dentro del Valle de Salsacate la decoración de los conjuntos cerámicos habría formado parte de un código compartido, el cual señalaría la presencia de una fuerte cohesión entre los distintos grupos que habitaron la zona. Mientras que, las diferencias con respecto al material procedente de las pampas de altura y sobre todo del Valle de Punilla, podrían tener relación con el establecimiento de diferenciaciones entre las poblaciones que habitaron ambos valles.

En definitiva, el análisis de los aspectos tecnológicos, morfológicos y estilísticos permitió establecer que entre las comunidades productoras de alimentos que residieron en el Valle de Salsacate y pampas de altura adyacentes, los artefactos cerámicos fueron elaborados de forma sumaria, evidenciando seguramente una producción a escala doméstica.

En relación al segundo objetivo, el estudio comparativo de los conjuntos cerámicos procedentes de los cuatro sitios, permitió identificar importantes aspectos inherentes a la funcionalidad de las ocupaciones.

Así, se comprobó que Arroyo Tala Cañada 1 constituyó una base residencial de uso permanente, evidenciada por la presencia de un número elevado de recipientes, que poseían una amplia variedad morfo-funcional y un gran rango de tamaños. Estas particularidades demuestran el desarrollo de una amplia diversidad de actividades (i.e. procesamiento, almacenamiento, transporte y consumo de alimentos), así como la existencia de esferas funcionales diferenciadas, a escala doméstica y extradoméstica, en las cuales pudieron participar un número variable de personas.

En Río Yuspe 14, se recuperó un limitado conjunto de piezas de tamaño mediano, las cuales probablemente habrían sido empleadas en tareas vinculadas al procesamiento, almacenamiento, transporte y consumo de alimentos a escala doméstica o llevadas a cabo por un número reducido de personas. Estas evidencias, son coherentes con la hipótesis funcional planteada para el sitio, la cual postula que el mismo fue objeto de un uso residencial estacional o semi-permanente, efectuado por parte de un número limitado de individuos.

Con respecto a Río Yuspe 11 y Arroyo Talainín 2, se planteó que funcionaron como *locus* de procesamiento y consumo a escala extra-doméstica. Lamentablemente, el primero de ellos no pudo ser incluido en el análisis comparativo, ya que la muestra recuperada impidió reconocer apropiadamente las formas y tamaños de los recipientes.

En Arroyo Talainín 2, se pudo identificar una marcada tendencia a la presencia de vasijas de gran tamaño, lo que sugiere la realización de actividades relacionadas al procesamiento y consumo de alimentos a escala extradomestica, con la participación de numerosos individuos.

Este análisis permitió distinguir que las diferencias de tamaño en algunos recipientes de formas semejantes estarían relacionadas a la presencia de unidades de consumo diferenciadas (i.e. limitada cantidad de individuos *versus* conjunto numeroso de individuos) y no a las funciones primarias realizadas en cada uno de los sitios. De esta manera, las desigualdades de tamaño tendrían directa vinculación con la cantidad de alimento elaborado, lo cual señalaría el contexto de uso en el que estuvieron implicados (doméstico o extradoméstico).

Para concluir, se considera que los resultados obtenidos a través de esta investigación han permitido alcanzar satisfactoriamente los objetivos propuestos, logrando un mejor entendimiento acerca de la producción y utilización del registro artefactual cerámico procedente del Valle de Salsacate y pampas de altura adyacentes.

Sin embargo, se es consciente de la necesidad de ampliar en el futuro este trabajo, mediante la incorporación de nuevas líneas de análisis. Por ejemplo, la realización de cortes delgados permitiría, más allá de profundizar los estudios referidos a la pasta, conocer con cierta precisión las fuentes de aprovisionamiento de la materia prima y el lugar donde fueron manufacturados los contenedores, lo cual aportaría nuevas evidencias para interpretar adecuadamente los sistemas de movilidad y las relaciones entre las comunidades productoras de alimentos que habitaron la región. Asimismo, los estudios actualísticos, como la experimentación y la etnorqueología, realizados desde una perspectiva local, posibilitarían evaluar de manera más confiable las inferencias realizadas en la clasificación tecnológica y funcional de las vasijas. Por ultimo, resulta imprescindible incorporar nuevas unidades de análisis procedentes de otros sitios de la región, para confirmar los patrones tecnológicos, estilísticos y funcionales identificados y compararlos en un marco inter-regional más amplio.

BIBLIOGRAFÍA

Adovasio, J. M.
1977 *Basketry technology: a guide to identification and analysis.* Aldine Manuals on archaeology. Aldine Publishing Company, Chicago.

Ameghino, F.
1885 Informe sobre el Museo Antropológico y Paleontológico de la Universidad Nacional de Córdoba durante el año 1885. *Boletín de la Academia de Ciencias de Córdoba,* tomo VIII, pp. 347-360, Buenos Aires.

Aparicio, F. de
1925 Investigaciones arqueológicas en la región serrana de la provincia de Córdoba (breve noticia preliminar). *Anales de la Sociedad Argentina de Estudios Geográficos* 1: 11-143, Buenos Aires.

1927 Informe preliminar de tres exploraciones arqueológicas en la región serrana de la Provincia de Córdoba. *Physis (Revista de la Sociedad Argesntina de Ciencias Naturales)* VIII: 120, Buenos Aires.

1928 Fabricación de alfarería moderna en la región serrana de la provincia de Córdoba (República Argentina). En: *Proceedings of the Twenty-Third International Congress of Americanists*, pp. 803-815.

1931 Una extraña construcción subterránea de tierra cocida. *Physis (Revista de la Sociedad Argentina de Ciencias Naturales)* X: 290-293, Buenos Aires.

1936 La antigua provincia de los Comechingones. En: *Historia de la Nación Argentina* I: 389-428, Buenos Aires.

Arguello de Dorsch, E. A.
1983 Investigaciones arqueológicas en el Departamento Punilla (Provincia de Córdoba, Rep. Argentina). Sitio: C.Pun. 39. *Comechingonia* 1:41-60, Córdoba.

Arnold, D. E.; H. Neff y R. L. Bishop
1991 Compositional Analysis and «Sources» of Pottery: An Ethnoarchaeological Approach. *American Anthropologist* 93(1):70-90.

Berberián, E. E.
1969 Investigaciones arqueológicas en Cosquín. *Revista ilustrada del centro de la República para todo el país*, año II, N° 8, Córdoba.

1984 Potrero de Garay: Una entidad sociocultural tardía de la región serrana de la provincia de Córdoba (República Argentina). *Comechingonia* 4:71-138, Córdoba.

1995 Estado actual de las investigaciones en la arqueología de las Sierras Centrales. En: *Actas y Memorias del XI Congreso Nacional de Arqueología Argentina (10ª parte), Revista del Museo de Historia Natural de San Rafael (Mendoza)*, tomo XXII (1/2):13-26.

1999 Las Sierras Centrales. En: *Nueva Historia de la Nación Argentina*, tomo I, pp. 135-158. Academia Nacional de la Historia. Editorial Planeta, Buenos Aires.

Berberián, E. E. y F. Roldán
2001 Arqueología de las Sierras Centrales. En: *Historia Argentina Prehispánica,* editado por E. E. Berberián y A. E. Nielsen, tomo II, pp. 635-691. Editorial Brujas, Córdoba.

Berberián, E. E.; S. Pastor y D. Rivero
1998 Consideraciones sobre la unidad y heterogeneidad cultural de las Sierras Centrales durante la etapa agroalfarera. Presentado en las Terceras Jornadas de Arqueología y Etnohistoria del Centro-Oeste del País, Río Cuarto.

Binford, L. R.
1968 Archaeological prespectives. En: *New perspectives in archaeology,* editado por S. R. Binford y L. R. Binford, pp. 5-33. Aldine, Chicago.

1981 *Ancient men and modern myths*, pp. 21-30. Academic Press, New York.

Bixio, B. y E. E. Berberián
1984 Etnohistoria de la región de Potrero Garay (Pcia. de Córdoba, Rep. Argentina). *Comechingonia* 3:11-46.

Blitz, J. H.
1993 Big Pots for Big Shots. *American Antiquity* 58(1):80-96.

Boman, E.
1923 Los ensayos de establecer una cronología prehistórica de la región Diaguita (República Argentina). *Tirada aparte del Boletín de la Academia Nacional de Historia,* tomo VI:1-31, Quito.

Bonnín, M. y A. Laguens
2000 Esteros y algarrobales. Las sociedades de las Sierras Centrales y la Llanura Santiagueña. En:

Los pueblos originarios y la conquista, editado por M. Tarragó, pp. 147-186. Editorial Sudamericana, Buenos Aires.

Bossa, G. O.; F. L. Filippa y E. Pierella
1995 La problemática de los asentamientos en aleros: el yacimiento Camino Viejo (Dpto. Punilla-Pcia. de Córdoba). En: *Actas y Memorias del XI Congreso Nacional de Arqueología Argentina* (10° parte) *Revista del Museo de Historia Natural de San Rafael (Mendoza),* tomo XXII (1/2):45-51.

Braun, D. P.
1983 Pots as Tools. En: *Archaeological Hammers and Theories,* editado por J. A. Moore y A. S. Keene, pp. 107-134. Academic Press Inc., New York.

Braun, D. P. y S. Plog
1982 Evolution of «tribal» social networks: Theory and prehistoric North American evidence. *American Antiquity* 47(3):504-525.

Brotnisky, G. y R. Hamer
1986 Experiments in Ceramic Technology: The Effects of Various Tempering Materials on Impact and Thermal-shock Resistance. *American Antiquity* 51(1):89-101.

Bucher, E. H. y J. W. Avalos
1979 Fauna. En: *Geografía Física de la Provincia de Córdoba,* editado por J. B. Vázquez; R. A. Miatello y M. E. Roqué, pp. 369-434. Editorial Boldt, Buenos Aires.

Cabrera, P.
1931 *Punilla. Desde el dique al Uritorco. Noticias históricas-etnológicas sobre la región,* Córdoba.

1932 Córdoba del Tucumán. Prehispana y Protohostorica. *Revista de la Universidad Nacional de Córdoba,* año XVIII, pp. 7-10, Córdoba.

Capitanelli, R. G.
1979 Clima. En: *Geografía Física de la Provincia de Córdoba,* editado por J. B. Vázquez.; R. A. Miatello y M. E. Roque, pp. 45-138. Editorial Boldt, Buenos Aires.

Castellanos, A.
1922 La presencia del hombre fósil en el pampeano medio del Valle de Los Reartes (Sierras de Córdoba). *Boletín de la Academia Nacional de Ciencias de Córdoba* XXV:369-389.

1926 Observaciones preliminares sobre el Pleistoceno de la provincia de Córdoba. *Boletín de la Academia Nacional de Ciencias de Córdoba* XXIII, 2ª entrega, pp. 232-254.

1933 El hombre prehistórico de la Provincia de Córdoba (Argentina). *Revista de la Sociedad de Amigos de la Arqueología* VII:1-88, Montevideo.

Conkey, M. W.
1990 Experimenting with Style in Archaeology: Some Historical and Theoretical Issues. En: *The Uses of Style,* editado por M. Conkey y C. Hastorf, pp. 5-17. Cambridge University Press, Cambridge.

Cremonte, M. B.
1988 (1983-1985) Alcances y Objetivos de los Estudios Tecnológicos en la Cerámica Arqueológica. *Anales de Arqueología y Etnología (F. F. y L. U.N. de Cuyo)* 38-40, 1ª parte, pp. 179-217.

De Boer, W. R.
1974 Ceramic Longevity and Archaeological Interpretation: An Example from the Upper Ucayaly, Peru. *American Antiquity* 39(2):35-43.

De Boer W. R. y Lathrap D. W.
1979 The Making and Breaking of Shipibo-Conibo Ceramics. En: *Ethnoarchaeology: Implications of Ethnography for Archaeology,* editado por C. Kramer, pp. 102-138. Columbia University Press, New York.

Doering, A.
1907 La formation Pampéanne de Córdoba. En Nouvelles Recherches sur la formation pampéanne et L hombre fossile de la Republique Argentine. *Revista del Museo de la Plata* XIV, seg. Serie I, pp. 172-190.

1918 Nota al estudio sobre la constitución geológica del subsuelo de la cuenca de Córdoba del autor Joaquín Frenguelli. *Boletín de la Academia Nacional de Ciencias de Córdoba* XXIII, entrega segunda, pp. 221-227, Buenos Aires.

Fernández, J.
1982 *Historia de la Arqueología Argentina.* Asociación Cuyana de Antropología, Mendoza.

Figueroa, G. y E. Pautassi
2000 Análisis del material cerámico con impresiones textiles procedente del sur del valle de Punilla (Pcia. De Córdoba). Trabajo presentado en las V Jornadas de Jóvenes Investigadores en Ciencias Antropológicas Instituto Nacional de Antropología y Pensamiento Latinoamericano Buenos Aires, Argentina.

Figueroa, G.; M. Dantas y E. Pautassi
2004 Análisis tecnológico y funcional del registro cerámico del sitio La Quinta (Dpto. Punilla- Pcia. De Córdoba). En: *Actas de las Terceras Jornadas de Arqueología Histórica y de Contacto del Centro-Oeste de la Argentina y Seminario de Etnohistoria. Cuartas Jornadas de Arqueología y Etnohistoria del Centro-Oeste del país,*

compilado por M. Bechis, volumen II: 81-88. Universidad Nacional de Río Cuarto, Río Cuarto.

Frenguelli, A.
1919 Sobre un astágalo humano del Pampeano Superior de los alrededores de Córdoba. *Revista de la Universidad Nacional de Córdoba*, Año VI, N° 1.

García, L. C.
1988 Etnoarqueología: Manufactura de cerámica en Alto Sapagua. En: *Arqueología Contemporánea Argentina*, pp. 33-56. Ediciones Búsqueda, Buenos Aires.

Gomez Otero, J.; V. Alric y R. Taylor
1996 Una nueva forma de cerámica del Chubut: análisis mineralógico y experiencias de reproducción. En: *Arqueología, solo Patagonia, Ponencias de las Segundas Jornadas de Arqueología de la Patagonia*, editado por J. Gómez Otero, pp. 349-358. Publicaciones del Centro Nacional Patagónico, Consejo Nacional de Investigaciones Científicas y Técnicas, Puerto Madryn.

González, A. R.
1952 Antiguo horizonte precerámico en las sierras centrales de Argentina. *Runa V*: 110-133.

1962 La estratigrafía de la gruta de Intihuasi (Pcia. de San Luis, Rep. Argentina), y sus relaciones con otros sitios precerámicos de Sudamérica. *Revista del Instituto de Antropología* (Córdoba), tomo I (1960): 5-296.

González Navarro, C.
1999 *Espacios coloniales. Construcción social del espacio en las márgenes del Río Segundo. Córdoba. 1573-1650*. Centro de Estudios Históricos Carlos S. A. Segreti, Córdoba.

González, S. y E. Crivelli
1978 Excavaciones arqueológicas en el abrigo de Los Chelcos (Dpto. San Alberto. Córdoba). *Relaciones* XII: 183-212.

Greslebin, H.
1924 *Fisiografía y noticia preliminar sobre la arqueología de la región de Sayape (Provincia de San Luis)*. Talleres Gráficos Ferrari Hnos, Buenos Aires.

Haly, D. J.
1986 The Identification of Vessel Function: A Case Study from Northwest Georgia. *American Antiquity* 51(2):267-295.

Henrickson, E. F. y M. M. McDonald
1983 Ceramic Form and Function: An Ethnographic Search and Archaeological Application. *American Anthropologist* 85(3):630-643.

Laguens, A. y M. Bonnin
1987 Espacio, paisaje y recursos. Estrategias indígenas alternativas y complementarias en la cuenca de río Copacabana (Dto. Ischilín, Córdoba, Argentina). Sitio El Ranchito. 1000 a.C.- 1600 d.C. *Publicaciones del Instituto de Antropología* (Córdoba) 45:159-200.

Laguens, A.
1999 *Arqueología del contacto hispano-indígena. Un estudio de cambios y continuidades en las Sierras Centrales de Argentina*. BAR, International Series 801.

López Aguilar, F. y R. Nieto Calleja
1985 Comentarios sobre la arqueología experimental aplicada a la repetición de artefactos. *Boletín de Antropología Americana* 11:33-38.

Lumbreras, L.
1983 El criterio de función en Arqueología (I). *Gaceta de Arqueología Andina* 8 (2):3.

1984a El criterio de función en Arqueología (II). *Gaceta de Arqueología Andina* 9:3.

1984b Examen y clasificación de la cerámica. *Gaceta de Arqueología Andina* s/n:3-4 y 31.

Luti, R.; M. A. Bertrán de Solís; F. M. Galera; N. Müller de Ferreira; M. Berzal; M. Nores; M. A. Herrera y J. C. Barrera
1979. Vegetación. En: *Geografía Física de la Provincia de Córdoba,* editado por J. B. Vázquez; R. A. Miatello y M. E. Roqué, pp. 297-368. Editorial Boldt, Buenos Aires.

Marcellino, A. J.; E. E. Berberián y J. A. Pérez
1967 El yacimiento arqueológico de Los Molinos (Dpto. Calamuchita- Córdoba). *Publicaciones del Instituto de Antropología* (Córdoba) XXVI.

Marechal, A.
1943 Arqueología indígena del Río San Roque. *Actas del Congreso de Historia Argentina del norte y centro* I:204-228, Córdoba.

Medina, M. E. y S. Pastor
2006 Chacras dispersas. Una aproximación etnográfica y arqueológica al estudio de la agricultura prehispana en la región serrana de Córdoba (Argentina). *Comechingonia* 9: 103-121.

Meggers, B. J. y C. Evans
1969 *Cómo interpretar el lenguaje de los tiestos*. Smithsonian Institution, Washington.

Menacho, K. A.
2001 Etnoarqueología de trayectorias de vida de vasijas cerámicas y modo de vida pastoril. *Relaciones de la Sociedad Argentina de Antropología* XXVI:119-144.

Menghin, O. F. A. y A. González
1954 Excavaciones arqueológicas en el yacimiento de Ongamira, Córdoba (Rep. Arg.). Nota preliminar. *Notas del Museo de La Plata,* tomo XVII, antropología n° 67, pp. 213-274.

Munsell Color Company
1975 *Munsell Soil Color Charts.* Munsell Color Company, Baltimore, Md.

Navarrete Sánchez, R.
1990 Cerámica y etnicidad. Una aproximación al estudio de las formas culturales como expresión de lo étnico. *Boletín de Antropología Americana* 22:47-80.

Nelson, B. A.
1981 Ethnoarchaeology and Paleodemography: A Test of Turner and Lofgren's Hypothesis. *Journal of Anthropological Research* 37(2):107-129.

Nielsen, A. E. y F. Roldán
1991 Asentamientos satélites y asentamientos agrícolas permanentes: el caso El Fantasio (Dpto. Punilla, Córdoba). *Comechingonia* 7:65-75.

Oliva, M.
1947 Contribición al estudio de la arqueología del norte de la Provincia de Córdoba. Los paraderos de Pozos de las Ollas y Laguna de la Sal. *Publicación del Instituto de Arqueología, Lingüística y Folklore «Dr. Pablo Cabrera»* XVI, Córdoba.

Olivera, D.
1991 *Tecnología y estrategias de adaptación en el Formativo Agroalfarero Temprano de la Puna Meridional Argentina. Un caso de estudio: Antofagasta de la Sierra, Catamarca (República Argentina).* Tesis Doctoral. Facultad de Ciencias Naturales (UNLP), La Plata. Ms.

Orton, C.; P. Tyers y A. Vince
1997 *La cerámica en arqueología.* Editorial Crítica, Barcelona.

Outes, F.
1911 Los tiempos prehistóricos y protohistóricos de la provincia de Córdoba. *Revista del Museo de La Plata,* XVII (seg. serie, IV), pp. 261-374.

Pastor, S.
1996 Excavaciones arqueológicas en el abrigo La Quinta (Dpto. Punilla, Pcia. de Córdoba). Trabajo presentado en el IV Congreso Nacional de Estudiantes de Arqueología San Miguel de Tucumán, Argentina.

1999 Forma y función de las vasijas de San Roque (Dpto. Punilla, Pcia. de Córdoba). En: *Actas del XII Congreso Nacional de Arqueología Argentina,* tomo III:511-516, La Plata.

2000 *Producción lítica en Puesto Maldonado 3 y La Hoyada 6 (Pampa de Achala). Una aproximación a las estrategias tecnológicas de las comunidades productoras de alimentos de la región serrana de Córdoba.* Tesis de Licenciatura, Facultad de Filosofía y Humanidades. Universidad Nacional de Córdoba, Córdoba. Ms.

2002a. Sistemas de asentamiento-subsistencia de las comunidades productoras de alimentos de la región serrana de Córdoba. El caso de la Pampa de Pocho, Valle de Salsacate y pampas de altura adyacentes. Informe presentado al CONICET, Córdoba. Ms.

2002b El sitio Río Yuspe 14 (Pampa de Achala, Córdoba). Perspectivas sobre el uso prehispánico tardío de los ambientes serranos de altura. Ms.

2004 Las actividades de procesamiento-consumo y las relaciones intergrupales en el período prehispánico tardío de las Sierras de Córdoba. Arqueología de Arroyo Talainín 2 y Río Yuspe 11. *Anuario de la Escuela de Historia (U.N.C.)* 3: 94-118.

Pastor, S. y M. Medina
2002 Análisis arqueofaunístico del sitio Río Yuspe 14 (Pampa de Achala, Córdoba). Implicancias sobre las estrategias de subsistencia-asentamiento de las comunidades productoras de alimentos. Trabajo presentado en las VII Jornadas Regionales de Investigación en Humanidades y Ciencias Sociales, Jujuy.

2003a Osteometría de camélidos en sitios tardíos de las Sierras de Córdoba (Argentina). En: *El manejo de los camélidos sudamericanos: perspectivas multidisciplinarias,* editado por G. Mengoni Goñalons, D. Olivera y H. Yacobaccio, Buenos Aires. En prensa.

2003b Las presas pequeñas y la hipótesis del «Garden Hunting». Un caso prehistórico de las Sierras de Córdoba (Argentina). Ms.

Pérez de Micou, C.
1997 *Cestería. Caracterización y aplicación de una tecnología prehistórica.* Cátedra de Ergología y Tecnología, Departamento de Ciencias Antropológicas, Facultad de Filosofía y Letras. Universidad de Buenos Aires, Buenos Aires.

Piana de Cuestas, J.
1992 *Los indígenas de Córdoba bajo el régimen colonial. 1570- 1620 (1570-1620).* Dirección

General de Publicaciones de la Universidad Nacional de Córdoba, Córdoba.

Plog, S.

1978 Social interaction and stylistic similarity: a reanalysis. En: *Advances in archaeological method and theory,* editado por M. Schiffer, vol. 1:143-182. Academic Press, New York.

Pratt, J.

1999 Determining the Function of One of the New World's Earliest Pottery Assemblages: The Case of San Jacinto, Colombia. *Latin American Antiquity* 10(1):71-85.

Primera Convención Nacional de Antropología

1966   *Primera Parte.* Dirección General de Publicaciones (U.N. Cba.), Córdoba.

Quirt-Booth, T. y K. Cruz-Uribe

1997 Analysis of leporid remains from Prehistoric Sinagua sites, Nothern Arizona. *Journal of Archaeological Science* 24: 945-960.

Recalde, M. A.

2001 *Representaciones rupestres en el Dpto. San Alberto. Aproximación al problema estilístico como evidencia de circulación de información.* Tesis de Licenciatura, Facultad de Filosofía y Humanidades. Universidad Nacional de Córdoba, Córdoba. Ms.

Renfrew, C. y P. Bahn

1993 *Arqueología. Teorías, Métodos y Práctica.* Ediciones Akal, Madrid.

Rice, P. M.

1987 *Pottery Analysis. A Sourcebook.* University of Chicago Press, Chicago.

Rivero, D.

2001 *Movilidad logística y sitios de ocupación breve en comunidades formativas prehispánicas de las Sierras de Córdoba.* Tesis de Licenciatura, Facultad de Filosofía y Humanidades. Universidad Nacional de Córdoba, Córdoba. Ms.

Roldán, F.

1999 *El proceso de desarrollo del modo de vida productor en el sector serrano de la provincia de Córdoba.* Informe presentado al CONICOR, Córdoba. Ms.

Roldán, F., D. Rivero y S. Pastor

2005 Las Sierras Centrales durante el Holoceno: perspectivas desde el Alto III (Pampa de Achala, Provincia de Córdoba). En: *Actas del XIII Congreso Nacional de Arqueología Argentina,* tomo 4, pp. 277-286, Córdoba.

Schiffer, M. B.

1978 Methodological issues in ethnoarchaeology. En: Explanations in ethnoarchaeology, editado por R. A. Gould, pp. 224-247. University of New Mexico Press, Albuquerque.

Schiffer, M. B. y J. M. Skibo

1987 Theory and Experiment in the Study of Technological Change. *Current Anthropology* 28(5):595-622.

Serrano, A.

1944 Las estatuillas de arcilla de Córdoba y su significado arqueológico. *Publicaciones del Instituto de Arqueología, Lingüística y Folklore «Dr. Pablo Cabrera»* VII, Córdoba.

1945 *Los Comechingones.* Serie Aborígenes Argentinos I, Publicación del Instituto de Arqueología Lingüística y Folklore «Dr. Pablo Cabrera». Imprenta de la Universidad Nacional de Córdoba, Córdoba.

1958 *Manual de la Cerámica Indígena.* Editorial Assandri, Córdoba.

Shepard, A. O.

1956 *Ceramics for the archaeologist.* Carnegie Institute of Washington, Washington.

Speth, J. y S. Scott

1989 Horticulture and large-mammal hunting: the role of resource depletion and the constraints of time and labor. En: *Farmers as Hunters. The implication of sedentism,* editado por S. Kent, pp. 71-79. Cambridge University Press, Cambridge.

Smith, E. y M. Wishnie

2000 Conservation and subsistence in small-scale societies. *Annual Reviews of Anthropology* 29:493-524.

Tarragó, M. y S. Renard

1999 Cerámica y cestería arqueológica del valle de Yocavil. Una aproximación a partir de improntas. En: *Actas del XIII Congreso Nacional de Arqueología Argentina,* tomo 1:513-528, Córdoba.

Weyenbergh, H.

1878 Informe sobre flechas indianas encontradas en la sierra. *Diario El Progreso,* Enero 11, Córdoba.

1880 *Alt-indianische Werkzeuge, Pfeilspitzen u. dlg. Werhandlungen der Berliner Gesselschaft für Anthropologie, Ethnologie und Urgeschichte* XII:366-374, Berlin.

Wobst, H. M.

1977 Stylistic behaviour and information exchange. En: *Papers for the director: research essays in honour of James B. Griffin,* editado por C. Cleland, pp. 317-342. University of Michigan, Museum of Anthropology, Anthropoligical Papers 61, Ann Arbor.

Yacobaccio, H. D.
1991 Información actual, analogía e interpretación del registro arqueológico. *Shincal* 3:185-194.

Yacobaccio, H. D; C. M. Madero y M. P. Malmierca
1998 *Etnoarqueología de pastores surandinos.* Editorial Grupo de Zooarqueología de Camélidos, Buenos Aires.

Zagorodny, N.
1996 Un estudio tecnológico sobre la alfarería doméstica en el temprano. En: *Actas y Memorias del XI Congreso Nacional de Arqueología Argentina, Revista del Museo de Historia Natural de San Rafael (Mendoza),* tomo XXIII (1/4):133-143.

Zedeño, M. N.
1985 La relación forma-contenido en la clasificación cerámica. *Boletín de Antropología Americana* 11:23-51.

South American Archaeology Series
Edited by Andrés D. Izeta
e-mail: androx71@gmail.com

No 1.   Izeta, Andrés D. 2007 *Zooarqueología del sur de los valles Calchaquíes (Provincias de Catamarca y Tucumán, República Argentina): Análisis de conjuntos faunísticos del primer milenio A.D. (British Archaeological Reports, International Series* S1612) Oxford. ISBN 978 1 4073 0054 2.

No 2.   Bugliani, María Fabiana 2008 *Consumo y representación en el sur de los valles Calchaquíes (Noroeste argentino)*: *Los conjuntos cerámicos de las aldeas del primer milenio A.D. (British Archaeological Reports, International Series,* S1774) Oxford. ISBN 978 1 4073 0215 7.

No 3.   Marconetto, María Bernarda 2008 *Recursos forestales y el proceso de diferenciación social en tiempos Prehispánicos en el Valle de Ambato, Catamarca, Argentina. (British Archaeological Reports, International Series* S1785) Oxford. ISBN 978 1 4073 0216 4.

No 4.   López, Gabriel E. J. 2008 *Arqueología de Cazadores y Pastores en Tierras Altas: Ocupaciones humanas a lo largo del Holoceno en Pastos Grandes, Puna de Salta, Argentina.* (British Archaeological Reports, International Series S1854) Oxford. ISBN 978 1 4073 0231 7.

No 5.   Alconini , Sonia (Ed) 2008 *El Inkario en los Valles del Sur Andino Boliviano: Los Yamparas entre la arqueología y etnohistoria* (British Archaeological Reports, International Series S1868) Oxford. ISBN 978 1 4073 0235 5.

No 6. Mariana Dantas & Germán G. Figueroa 2008 *Análisis tecnológico y funcional del registro cerámico del Valle de Salsacate y pampas de altura adyacentes (Provincia de Córdoba, República Argentina)* (British Archaeological Reports, International Series S1869) Oxford. ISBN 978 1 4073 0236 2.

Distributors:

Hadrian Books Ltd, 122 Banbury Road, Oxford OX2 7BP, England

Telephone: (0)1865 310431 : Fax: (0)1865 316916 : Email: bar@hadrianbooks.co.uk
Website: www.hadrianbooks.co.uk